ND
NORTH DAKOTA
MN
MINNESOTA
St Paul
SD
SOUTH DAKOTA
Pierre
NE
NEBRASKA
Lincoln
Cheyenne
IA
IOWA
Des Moines
Denver
CO
Santa Fe
OKLAHOMA
Oklahoma City
OK
AR
Little Rock
TX

GANGSTA RAP CASSETTES

ギャングスタラップカセットの世界

COMPILED BY **D.M.F. INC® & PIRANHA SOLDIERZ™**

Design, Layout, Edit by

Lil' Ricky a.k.a. **Da Mask Baby**

(D.M.F. INC.® / Piranha Soldierz™)

INTRO-DUCTION

はじめに

「カセットをデッキに入れて、再生ボタンを押して…ああ、途中だった…巻き戻ししなきゃ…」
音楽データやストリーミング配信が普及し主流となった現代にとって、カセットテープほど不便で効率の悪いメディアはないだろう。
しかし、利便化されすぎた世の中からの反動か、近年アナログブームなるものが起こり、レコードやカセットに再度注目が集まっているらしい。
「ノイズだらけで篭もった音質だけど、どこか温かみがあって逆に良い」
「コンテンツに溢れた現代で食傷気味な中、じっくりと曲を楽しみたい」
そんな風に感じる人が少しずつ増えてきたのだろうか。

インターネットがあまり普及していなかった90年代に、鼻息の荒いまだ無名のギャングスタラッパー達が、世に自分の存在をアピールする手段として使ってきたカセットテープ。彼らが売り上げや大衆受けを気にせず、表現したいことを全力でぶつけたカセットテープの、"楽曲"について語りたいことは山ほどあるのだが、本書ではカセットを形成するもう一つの要素、"ジャケット"の面白さに注目した形で、その魅力を伝えていきたいと思う。

アナログブームで注目されているこの機会に、本書によってさらに多くの人達が、カセットテープの、そしてギャングスタラップの面白さに目醒めてもらえれば幸いである。

CONTENTS

GAN-GSTA RAP CASSETTES

Design, Layout, Edit by
Da Mask Baby for D.M.F. INC®

PAGE-EXPLANATION

ページの説明／見方

006

❶**紹介カセット番号**
#001 ～ #320 まで、合計 320 点掲載。

❷**アーティスト名**
作品のアーティスト名。

❸**タイトル名**
作品のタイトル名。

❹**レーベル名**
作品をリリースしたレーベル名。
不明の場合は N/A と表記。

❺**リリース年**
作品がリリースされた年。
不明の場合は N/A と表記。

❻**地域名**
産地名。
不明の場合は N/A と表記。

❼**曲数**
作品の曲数。
不明の場合は N/A と表記。

❽**レアリティ**
作品のレア度を★数 1 ～ 5 で評価。
★ 1 は「大体の店で入手可能」で、
★ 5 は「ほぼ入手不可能」
※執筆陣の独断による評価なので実際とは違う可能性もあります。

❾**コメント**
執筆陣による作品へのコメント。

カセットの形状が長方形なので、「縦位置」と「横位置」のジャケットが混在しており、90 度回転させながら読んでいただくページレイアウトとなっています。

CASSETTE FILES #001

MURDER INC.

"Let's Die 2-Gether"

(Hard Head Records)

Year: 1997
Area: New Orleans, LA
Number of Tracks: 18
Rarity: ★★★★★

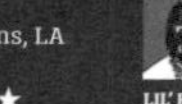

LIL' RICKY
DA MASK BABY

ニューオーリーンズの伝説的グループ、Murder Inc. の2作目。G狂には説明不要の鬼クラシック。死者メイクでこちらを見つめているのはメンバーであり元夫婦のAlamo とCrazy。上に写っている墓標はリリース前年に殺されたレーベル社長のもの。

CASSETTE FILES #002

GHETTO KAOS

"Guilty As Charged"
(Jackpot Records)

Year: 1994
Area: Kansas City, MO
Number of Tracks: 10
Rarity: ★★☆☆☆

GONZOSTA "T"

カンサスを根城に暗躍するコイツらはいずれも曲者構成員のボーン,デコD,ビッグBによるド太いラッピンが売りだが、カンサスラップ特有のチンチロチロチロ…という妖しいイントロ使いに絶妙な味わいがあり全国のおやGはたまらずソファでしのび泣くのだ。

GHETTO KAOS

GUILTY AS CHARGED

LIL WHIT
FOR THE FELLAS
Featuring Ki Ki & D.J. RAW

CASSETTE FILES #003

LIL WHIT

"For the Fellas"
(City Street Records)

Year: 1994
Area: St. Louis, MO
Number of Tracks: 13
Rarity: ★★★★★

セイントルイスのソロアーティスト、Lil Whit のクラシックアルバム。CD は 10 万円以上で取り引きされるほどの希少盤となっている。内容はモチロンのこと、古き良き時代を感じさせるファッションの G 達がこちらを睨むジャケは超クール。

CASSETTE FILES #004

LEZ MONE
“Take Care Ya Bizness”
(Beatbox Records)

Year: 1994
Area: Houston, TX
Number of Tracks: 4
Rarity: ★★☆☆☆

LIL' RICKY DA MASK BABY

ヒューストンの女ラッパー、Lez Moneのデビュー作。同年に出た1st アルバム“Talkin Sh*t”から4曲入りの先行シングル。ジャケはPen & Pixel担当。2nd アルバムの広告がラップ情報誌によく載っていたが、残念ながら世に出ることはなかった。

CASSETTE FILES #005

211

“Hustlin Pays tha Bills”

(Untouchable Records)

Year: 1996

Area: New Orleans, LA

Number of Tracks: 12

Rarity: ★★★★☆

ニューオーリンズの極悪集団、211 のアルバム。写真の人物が211なのかと思ってしまいがちだが、Toez、Charlie Hanseen、Quarter Key などからなるグループ。CD のジャケでは二丁拳銃男の膝下で切られているが、カセット版では全身を拝むことができるのだ。

ONE GUD CIDE

"Look What the Streets Made"

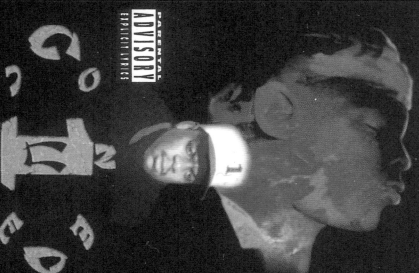

(Scarred For Life Records)

Year: 1995
Area: Fort Worth, TX
Number of Tracks: 15
Rarity: ★★★★★

LIL' RICKY DA MASK BABY

Gマニアの間では言わずと知れたテキサスのお宝、One Gud Cideの1st アルバム。帽子の男が写っていないバージョンもあるが、そちらは再発でレア度は低い。ジャケの頬を負傷した男はメンバーのTwisted Black で、その痛々しい傷跡は今も残っている。

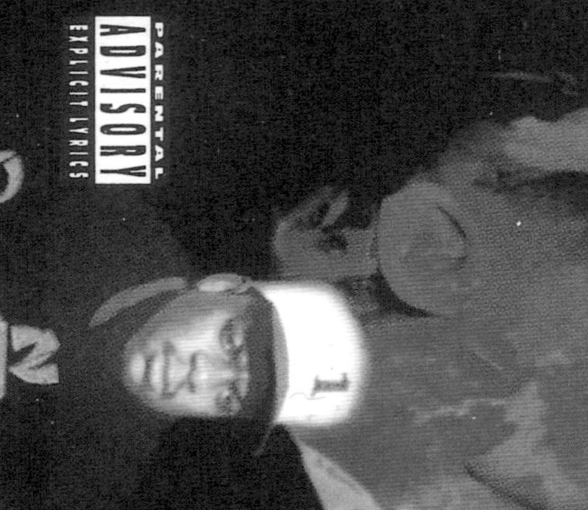

MONEY BUTT NAKED

Welcome To Phunky Town

FEATURING:

Playa Fly
Gangsta Blac
Taylor Boy
Kocane Wayne
Ska·Face Al Kapone
Tommy Wright III
K Roc
SMK
D.J. Squeeky
C-9
Mac Brownie
G. K.
D.J. Dizzy D
Big Vince
Plus many many more....

PARENTAL ADVISORY EXPLICIT LYRICS

MONEY BUTT NAKED
"Welcome to Phunky Town"
(Big O' Pimp Records)

Year: 1997
Area: Memphis, TN
Number of Tracks: 21
Rarity: ★★★★☆

用を足しながら中指を立てているメンフィスのオーガナイザー、Money Butt Nakedによるコンピレーション。ジャケはふざけているように見えるが、メンフィス総出といってもいい程のメンツ。イントロで流れるAl Green…地元愛溢れるクラシック作品。

CASSETTE FILES #008

ORGANIZED GUERRILLAS

"Da Lost Dat"

(Extra Strength Entertainment)

Year: 1996
Area: Indianapolis, IN
Number of Tracks: 6
Rarity: ★★★★★

LIL' RICKY DA MASK BABY

インディアナポリスのWizとBooskiによるユニット、Organized Guerrillasの6曲入り激レアEP。ぎこちなさそうに座っているボスゴリラの絵ジャケが良い味を出している。メンバーの2人はこの後それぞれソロ作を出している。

CASSETTE FILES #009

MOB TIEZ

"The Enterauge"

(Mob Tiez Records)

Year: 1999
Area: East St.Louis, IL
Number of Tracks: 15
Rarity: ★★★☆☆

BIG-K

ジャケットをよく見てほしい。セントルイス名物のアーチの下に現れた黒魔術師。苦悶の表情を浮かべながら唱える呪詛の言葉の向かう先は、見栄ばかり張って中身がなにもない「Fake MC たち。慈悲もなにもないゲットーを生き抜くGのリアルを、盃を酌み交わした仲間とともに伝えている。

CASSETTE FILES #010

INSANE KLAN

"Never Fear Death"

(Dolla Bill Recordz)

Year: 1994

Area: Houston, TX

Number of Tracks: 8

Rarity: ★★★★☆

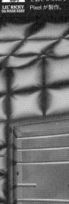

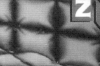

ヒューストンの３人組、Insane Klanのデビューアルバム。Gマニアにはお馴染みのPlutoと同じレーベルからリリース。拘束服を着させられ、クッション壁の独房に入れられたジャケは、Pen & Pixelが製作。

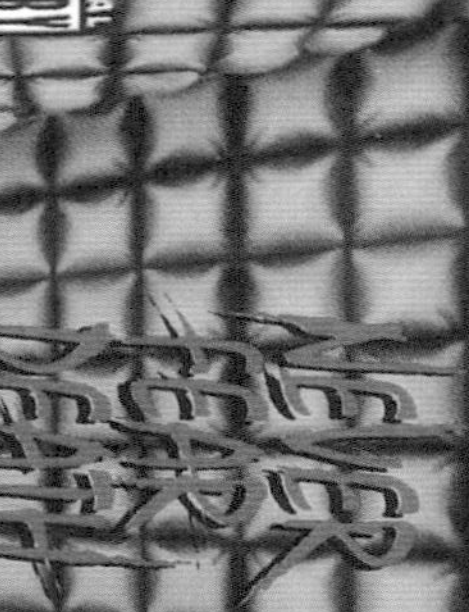
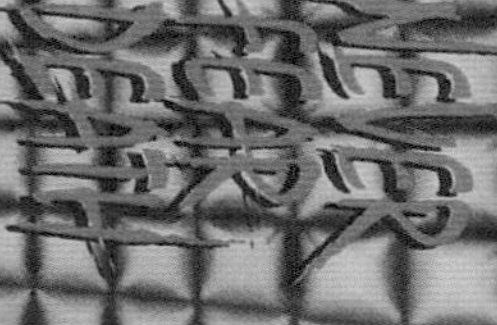

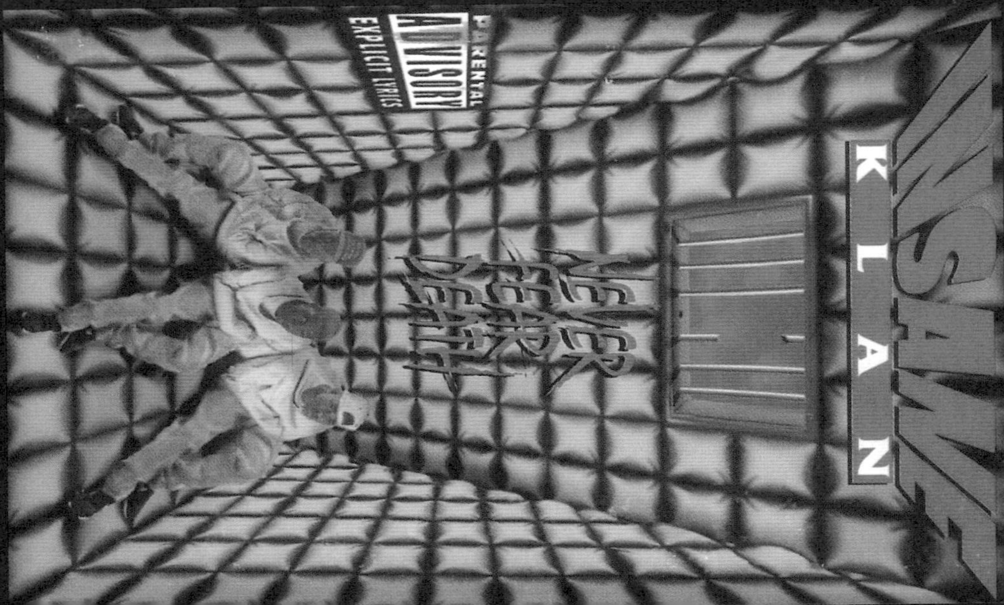

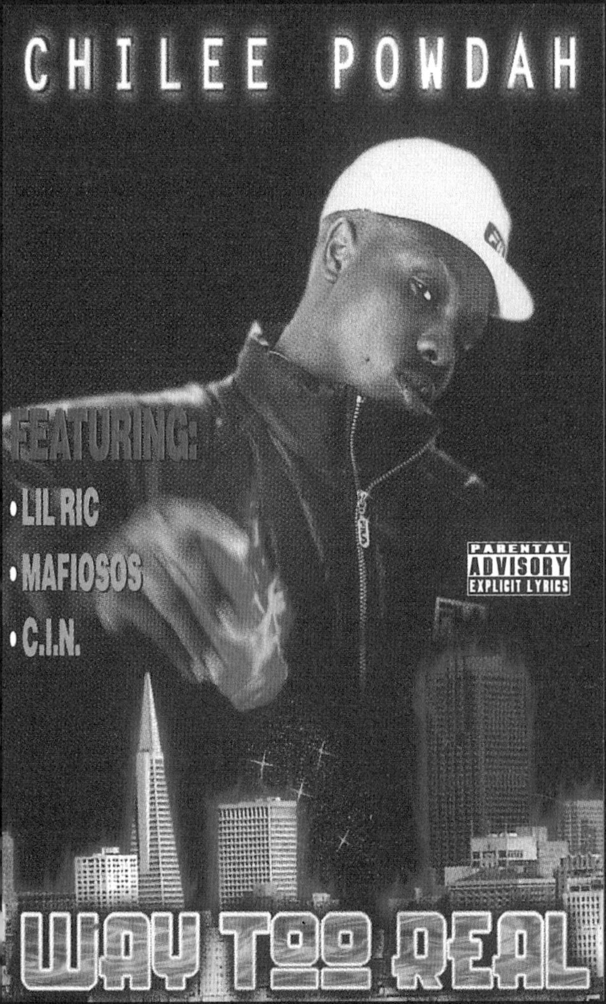

CHILEE POWDAH
"Way Too Real"
(Infinity Records)

Year: 1996
Area: Richmond, CA
Number of Tracks: 14
Rarity: ★★☆☆☆

LIL' RICKY
DA MASK BABY

リッチモンドのベテラン、Chilee Powdah の1st アルバム。街にホットなパウダーをふりかけているジャケが印象的。Master P 率いるT.R.U. の初期メンバーだったが、仲違いしたのかすぐに脱退している。

CASSETTE FILES #012

ONE MAN GANG

“Tryin’ to Get Over”

(Montana Records)

Year 1993
Area Silver Spring, MD
Number of Tracks 6
Rarity ★★★★★

鏡に映る自分と拳を合わせ「今日も過酷な日常が始まるぜ。なんとか乗り切ろう…」とつぶやく一匹狼、One Man Gang。メリーランドはGラップと馴染みのなさそうな地域だが侮るなかれ、耳の肥えたGマニアをも唸らせるセンス抜群な内容だ。

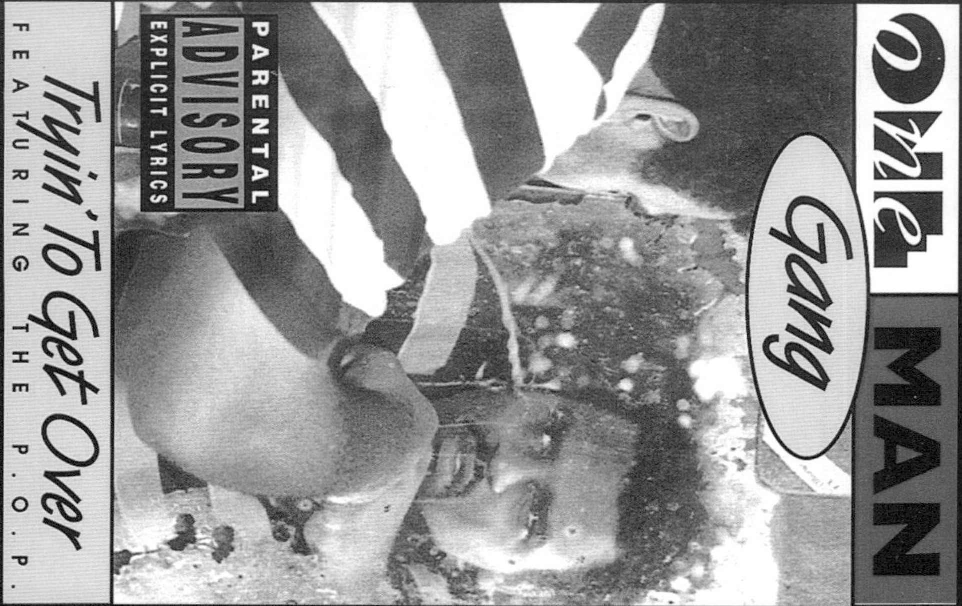

ONE MAN
Gang

PARENTAL
ADVISORY
EXPLICIT LYRICS

Tryin’ To Get Over
FEATURING THE P.O.P.
SPECIALLY PRICED EP

CASSETTE FILES #013

NCOGNITO

"On Da Unda"

(Cash N Records)

Year: 1996
Area: Pittsburg, CA
Number of Tracks: 13
Rarity: ★★★☆☆

天空人かのように雲の上から部下に作戦を指示しているのはピッツバーグ出身のラップグループ、Ncognito。西海岸のラッパー御用達の Phunky-Phat Graph-X がデザインを担当したジャケがとても印象的。

CASSETTE FILES #014

PSYCHO GANGSTA

"Stories of the Jack"

(Rat-Ta-Tat Records)

Year: 1994
Area: San Francisco, CA
Number of Tracks: 14
Rarity: ★★★★☆

サンフランシスコのソロアーティスト、Psycho Gangstaの1stアルバム。札束を口に詰め込まれた男に40ozを垂らし、バットを押し当てているPsychoが恐ろしい。微妙にレイアウトが違う別バージョンのカセットもあるが、こちらが初期版。

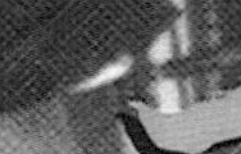

PSYCHO
gangsta
Featuring: Keylo,Hugh -EMC,
& JT the bigga figga
stories
of the jack

A LETTER FROM THA GRAVE
KAZY D
WIT DA 1.8.7.
KLICK
PARENTAL
ADVISORY
EXPLICIT LYRICS

CASSETTE FILES #015

KAZY D

“A Letter from tha Grave”
(B.A.D.D. Dawg Recordz)

Year 1995
Area Seattle, WA
Number of Tracks 9
Rarity ★★☆☆☆

GONZOSTA T

シアトルを根城に地道なG 活動を行うこの男は、南部の荒くれG 男に負けてたまるかと骨太ラップで対抗する。荒れ果てた風景の中でウンコ坐りする強面ぶりがカッコいい！ベンピクデザインの定番おカズの骸骨が散りばめられた死臭漂うジャケがおやG のハートにグサリと刺さる。

CASSETTE FILES #016

POINT BLANK

"Prone to Bad Dreams"

(Big Tyme Records)

Year: 1992
Area: Houston, TX
Number of Tracks: 12
Rarity: ★★☆☆☆

LIL' RICKY DA MASK BABY

K-Rino 率いるテキサスの一大勢力 South Park Coalition（S.P.C.）に所属している Point Blank のデビューアルバム。生と死が隣り合わせのＧの世界では、「酒を飲んでちょっとうたた寝」など言語道断なのである。

S.P.C.
POINT BLANK
PARENTAL ADVISORY EXPLICIT LYRICS
PRONE TO BAD DREAMS

"EASTSIDE"

THE ORIGINAL
POINT
BLANK

PARENTAL
ADVISORY
EXPLICIT LYRICS

featuring ''All About That Bull''

CASSETTE FILES #017

THE ORIGINAL POINT BLANK

"Eastside"

(2-Way Records)

Year: 1992
Area: Houston , TX
Number of Tracks: 9
Rarity: ★★★★☆

LIL' RICKY DA MASK BABY

前ページと同名·同郷でも、全く別のPoint Blank によるデビューシングル。写真左に写っているのがソロとして後に活躍した DJ DMD。アーティスト名に The Original(本家)とついているのは、前ページの Point Blank への当て付けなのか。

CASSETTE FILES #018

THE ORIGINAL POINT BLANK

"Just Another Day In Da Hood"
(2-Way Records)

Year: 1993
Area: Houston, TX
Number of Tracks: 13
Rarity: ★★★★☆

LIL' RICKY DA MASK BABY

前ページのデビューから1年後にリリースした1st アルバム。名前が被ってしまったことがきっかけなのか、両サイドがディス曲を出し合う事態にまで発展している。それらの曲ではここに書くことができないほど過激な言葉が飛び交っている。恐ろしや〜。

CASSETTE FILES #019

PISTOL

"Money and the Power"

(Top Of The Line Records)

Year: 1996
Area: Nashville, TN
Number of Tracks: 21
Rarity: ★★☆☆☆

LIL' RICKY DA MASK BABY

ナッシュビルのベテランラッパー、Pistolの3rd アルバム。1st アルバムはN.W.A.のRuthless Records からなど、鳴り物入りのデビューとなった。血で書かれたアーティスト名、ドル札が地になったタイトル…ギャングスタ要素の詰め込まれたジャケがかっこいい。

DJ SCREW
"3 "N the Mornin' Part Two"
(Bigtyme Recordz)

Year 1995
Area Houston, TX
Number of Tracks 14
Rarity ★★★☆☆

LIL' RICKY
DA MASK BABY

テキサスでカセットテープと言ったらこの人、DJ Screw。地元のアーティストの楽曲を遅回しにして、まるで別物の素晴らしい曲に変身させてしまう手法は、Screw 亡き後も、フォロワー達により今も受け継がれ続けている。一度入ってしまったら抜けられないスクリューワールドにようこそ。

DJ SCREW
3 'N The Mornin'

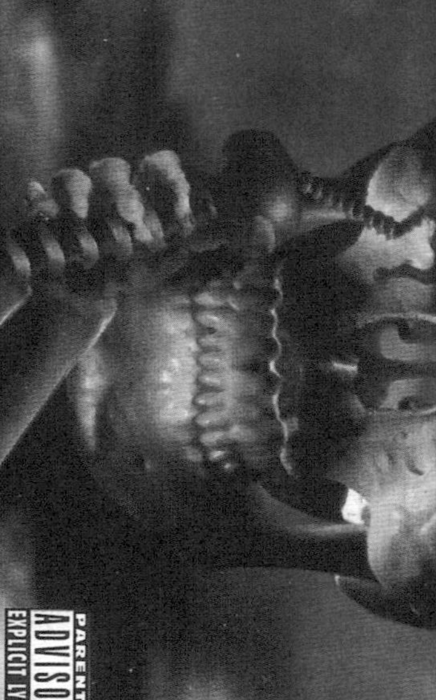

PART
TWO

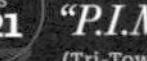

CASSETTE FILES #021

TRU II FLO

"P.I.M.P."

(Tri-Town Records)

Year: 1996
Area: Vallejo, CA
Number of Tracks: 6
Rarity: ★★★★★

BIG-K

G-Rap 名産地のVallejo にて女衒家業に勤しむTru II Flo によるシングル。カセットフォーマットにありがちの、長体に引き伸ばされ窮屈そうに収まる男女4 人のヘタウマイラストが逆にゲットーのリアルを伝えてくれる。ペーパースリーブなので上から下から見たり、頬ずりしたりといろいろ楽しめる作りに、すっかりオヤG な自分も感涙。

CASSETTE FILES #022

M.C. LOVE
"Da Playa U Hate 2 Luv"
(M.C. Love Productions)

Year: 1995
Area: Memphis, TN
Number of Tracks: 10
Rarity: ★★★★★

GONZOSTA T

このG男の助平度はハンパないぜ。どこで調達したのやらお相手のビヤ〜ッチは、その辺に居るおバさんか？もうちょっとどうにかならんかったんかい！と突っ込みを入れたくなるところだが、まぁ、人それぞれ好みがあるから文句言っても仕方ないな。

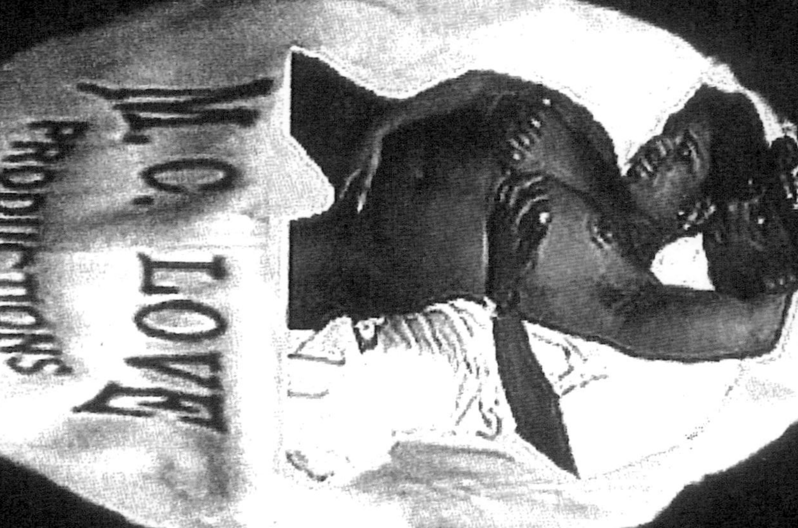

M.C. LOVE
PRODUCTIONS
DA PLAYA U HATE 2 LUV

THE AFTERSHOCK
BIGG DUCE
PARENTAL
ADVISORY
EXPLICIT LYRICS

CASSETTE FILES #023

DOWN 4 DIRT

"The Aftershock"

(Down For Dirt Records, Inc.)

Year: 1995
Area: St. Paul, MN
Number of Tracks: 16
Rarity: ★★★★☆

LIL' RICKY
DA MASK BABY

セントポールミネソタのグループ、Down 4 Dirt の1st アルバム。暗い墓地に幽霊のように浮かび上がる緑色のロゴが異様なオーラを放っている。個人的ミネソタNo.1 アルバム。収録曲 "I'm Coming Out" は必聴の一曲だ。前年にデビューEP を出しているがこちらも佳作。

CASSETTE FILES #024

ROE CITY UNDERGROUND

"Caught Up in the Game"

(Roe-City Records)

Year: 1993
Area: Monroe, LA
Number of Tracks: 6
Rarity: ★★★★☆

LIL' RICKY DA MASK BABY

モンロールイジアナで 90 年代初頭に活動していた Chilly-G、Payday によるデュオ Roe City Underground (R.C.U.) の EP カセット。CD でも出ている。ギャングスタ・スターターキットのような不穏なアイテムがテーブルに並べられたジャケ。

URBAN FLAVUR

Back to Tha Criminal Set

PARENTAL ADVISORY EXPLICIT LYRICS

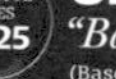

CASSETTE FILES #025

URBAN FLAVUR

"Back to tha Criminal Set"

(Basement Records)

Year 1993
Area Chicago , IL
Number of Tracks 2
Rarity ★★★★☆

LIL' RICKY DA MASK BABY

「シカゴ生まれの都会っ子だけど裏ではこんなこともしてるぜ!」と言わんばかりの強烈ジャケ、Urban Flavur のデビューシングル。メンバーのRon-E-Ronは後にソロ作を出している。白黒写真に赤い文字を乗せるデザインがシンプルだがかっこいい。

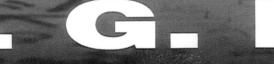

CASSETTE FILES #026

U.G.P. (UNDERGROUND POSSE)

"The Come Up"
(Bullet Hole Records)

Year: 1992
Area: Vallejo, CA
Number of Tracks: 13
Rarity: ★★★☆☆

LIL' RICKY DA MASK BABY

ヴァレーホカリフォルニアのベテラングループUnder Ground Posseの２作目。後にUnderground Playaz、Boss Playersなど名前を変えて活動している。カツアゲされている映画のワンシーンのようなジャケが印象的。

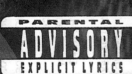

UZI
THE DON BIG NUTUZI

CASSETTE FILES #027

UZI

"The Don Big Nutuzi"

(Nebula Records, Inc.)

Year: 1996
Area: Atlanta, GA
Number of Tracks: 9
Rarity: ★★★★☆

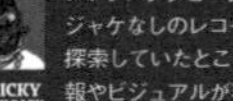

アトランタジョージアのラップユニット（?）。何気なく購入したジャケなしのレコード盤の内容が良くて、他のリリースはないか探索していたところカセット版を発見。ハントしていくうちに情報やビジュアルが判明していくのも、マニアの喜びなのだ。

CASSETTE FILES #028

EVIL MIND GANGSTA'S

"All Hell Breakin' Loose"

(Organize Records)

Year: 1992
Area: Gardena, CA
Number of Tracks: 13
Rarity: ★★★★★

LIL' RICKY DA MASK BABY

2 Pac の "Thug Life" 構成員のBig Syke やDomino という、後にメジャーになった西海岸の実力派が結成していたグループ。手前に写っているヘビはBig Syke のペットなのだろうか。92 年作と少し古めだが音はめちゃくちゃかっこいい。

"THE 10TH BOOK"

EVIL-LOC
1666-0000
NEVER TO DIE

FEATURING SMOKE, MAC ENDO, DARC WING, AND LITTLE KIM.

WARNING: EXPLICIT LYRICS

CASSETTE FILES #029

EVIL-LOC
"The 10th Book"
(Mean Mugg Records)

Year 1995
Area Topeka, KS
Number of Tracks 14
Rarity ★★★★★

LIL' RICKY DA MASK BABY

死神に扮し、鎌を片手に墓場を彷徨っているのはトピーカ/カンザスの重鎮ラッパー、Evil-Loc。Brotha LynchやEshamに近いダークサウンドが特徴。夜の墓地でかけたい哀愁曲「40 Days and 40 Nights」は必聴。

CASSETTE FILES #030

WEST SIDE G'Z

"West Side Streets"

(Q.P. Records)

Year: 1996
Area: Monroe, LA
Number of Tracks: 9
Rarity: ★★★★★

LIL' RICKY DA MASK BABY

モンロールイジアナの黒人白人コンビ、West Side G'zのレアアルバム。同じモンロー出身のラップグループ、Black Mophia Clanに通じるものを感じる。隠れた佳作だ。

Q.P. Records

west side streets

west side G'z

CASSETTE FILES #031

THE BLACK HOODS

"Six G's N Countin'"

(Le Bronze Records)

Year: 1995
Area: Chicago, IL
Number of Tracks: 11
Rarity: ★★★★★

「俺たちを裏切ったらこうなるぜ！」と言わんばかりのイカツいジャケ。内容もこのジャケに劣らずG-Funk 全開の大傑作。他にも何作かリリースしていて、そちらも入手困難となっている。いつかは全部手に入れたい！

YOUNG BOWLEGGS

"The Bowlegged One"

(Triple "M" Productions)

Year: 1992
Area: Sacramento, CA
Number of Tracks: 2
Rarity: ★★★★★

LIL' RICKY
DA MASK BABY

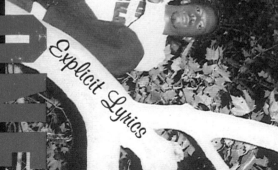

G ラップ狂が大好きなサクラメントラッパーYoung Dre D と共に組んだデュオ、2 Black Basstuds の片割れのソロデビュー作。Bowleg とはガニ股という意味。アーティスト名の"H"が少し歪んでいるのはガニ股をイメージしているのだろうか。

CASSETTE FILES #033

STRAIGHT UP

"Louisville's Own"

(Terrance & Darrin Lee)

Year: 1995
Area: Louiville , KY
Number of Tracks: 4
Rarity: ★★★★☆

LIL' RICKY DA MASK BABY

Gラップはあまり活発でないものの、良いラッパーは粒ぞろいなケンタッキー州のラップグループ。クレジットを見るからに写真の2人は兄弟のようだ。この2年後に2作目のEPをリリースしている。

CASSETTE FILES #034

TEMPORARY INSANITY

"B..chez Nevva Learn"

(Hoe Dog Records)

Year: 1994
Area: Hayward, CA
Number of Tracks: 13
Rarity: ★★★☆☆

GONZOSTA T

ロサンゼルスを舞台に活動するチカーノのヤバい奴らのこのカセット、ジャケを仔細に眺めればメンバーのひとりが身を乗り出してショットガン構えておるではないの!!と言ってもロスの路上じゃこんな風景日常茶飯事っていうから怖いよな。そんなヤツらだがラップは甘茶で攻め攻めだ。

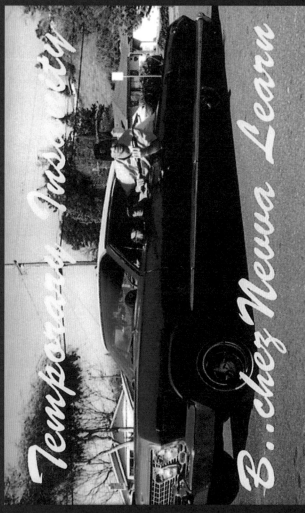

Temporary Insanity

B..chez Nevva Learn

TEMPORARY
INSANITY

PARENTAL
ADVISORY
EXPLICIT LYRICS

WOKE UP HATIN'
THA WORLD.

CASSETTE FILES #035

TEMPORARY INSANITY

"Woke Up Hatin' tha World"

(Hoe Dog Records)

Year: 1995
Area: Hayward, CA
Number of Tracks: 6
Rarity: ★★★☆☆

GONZOSTA T

パンツ一丁の裸身を横たえて銃の手応えを確かめているG男の姿からは日々縄張りを巡る抗争に明け暮れるピリピリした空気が感じられGシーンの厳しさが痛いほど伝わって来る。だけどこのG男、靴下穿いてるところが間抜けというか、お洒落というか微妙だな（笑）

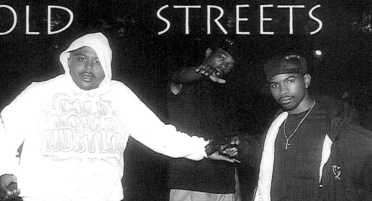

CASSETTE FILES #036

COLD WORLD HUSTLERS

"Cold Streets"

(21 Jump Street Productions)

Year: 1993
Area: Sacramento, CA
Number of Tracks: 12
Rarity: ★★★★☆

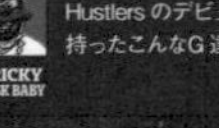

LIL' RICKY
DA MASK BABY

サクラメント好きG狂はすでにご存知だろうCold World Hustlersのデビュー作。暗い通りの中から拳銃とショットガンを持ったこんなG達が出てきたら、胆を冷やしちゃうぜ。

STA$H • & • C Phl D

TOGETHER • 4 • EVER

CASSETTE FILES #037

STA$H & C PHI D

"Together 4 Ever"

(BMS Records)

Year: 1992
Area: Akron , OH
Number of Tracks: 4
Rarity: ★★★★☆

LIL' RICKY DA MASK BABY

オハイオのラップグループSta$h & C Phi D によるEP カセット。「永遠に一緒だよ」というタイトルは、心を分かち合ったグループの絆の証なのだろうか。写真中央のリーダー、Sta$h はソロでもEP を出している。

CASSETTE FILES #038

MKD

"Nightmare on MKD Street"

(8 Ball Entertainment)

Year 1996
Area Akron, OH
Number of Tracks 10
Rarity ★★★☆☆

LIL' RICKY DA MASK BABY

アクロンオハイオのマイナーラップグループのアルバム。MKDはMurda Klan Disciples の略。「俺たちのストリートを荒らすやつはここに埋葬するぞ」というメッセージなのだろうか。血のしたたるロゴもかっこいい。

FROM THE MAN THAT BROUGHT YOU THE WEST COAST BAD BOYZ AND THE GHETTO TRYIN TO KILL ME

99 WAYS TO DIE

PARENTAL ADVISORY EXPLICIT LYRICS

FEATURING: TRU, EA-SKI, RALLY RAL, LIL RIC, SILK, KING GEORGE

MASTER P

CASSETTE FILES #039

MASTER P

"99 Ways to Die"

(No Limit Records)

Year: 1995
Area: New Orleans , LA
Number of Tracks: 9
Rarity: ★★☆☆☆

LIL' RICKY
DA MASK BABY

南部のギャングスタラッパーを語る上で、絶対に避けることができない重鎮、Master P。金ピカダイヤモンドで、ペンピクデザインの象徴とも言える人物だが、本作を含めた初期の作品はPhunky Phat がデザインを担当していた。

CASSETTE FILES #040

K.E. OF THA DARKSIDE

"Tha Light and Darkside of K.E."

(E.K.S. Records Inc.)

Year 1994
Area Baton Rouge, LA
Number of Tracks 8
Rarity ★★★★☆

BIG-K

光あるところには闇があり。ルイジ穴の闇からの使者、K.E. of Tha Darkside による8曲入作品。ジャケットに反したスムースメローなA3 Something For Tha Ladies の木漏れ日ほっこり感に股間のシワもノビノビ日向ぼっこ状態。

K.E. OF THA DARKSIDE

THA LIGHT AND DARKSIDE OF K.E.

featuring hit singles:

Get Your Mind Right (N.P. Remix)
Something For Tha Ladies
Don't Step To Tha Darkside (S.B. Remix)
and Gangster Bounce

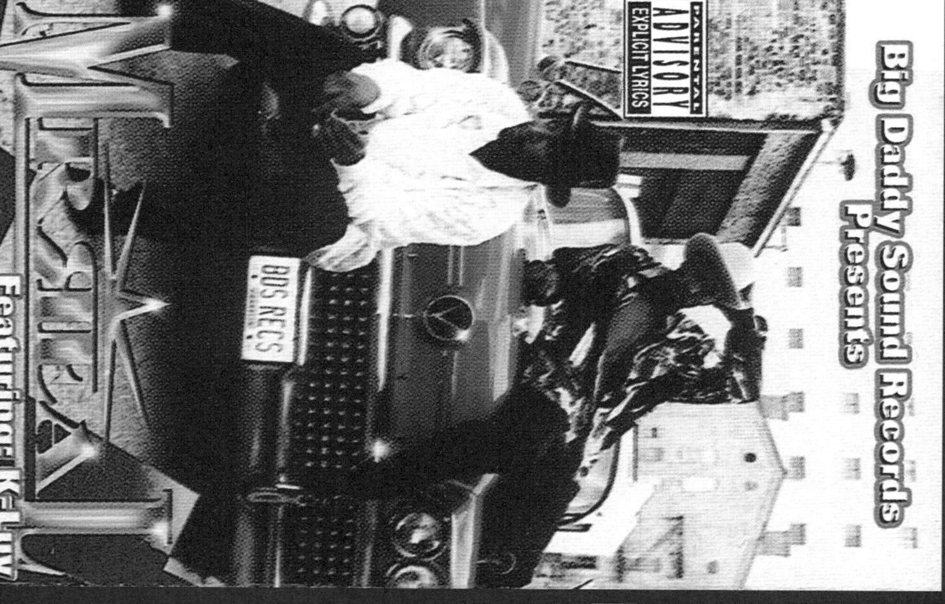

CASSETTE FILES #041

MR. REAL

"U Ain't Know/Keep It Real"
(Big Daddy Sound Records)

Year: 1998
Area: Akron, OH
Number of Tracks: 4
Rarity: ★★★☆☆

LIL' RICKY DA MASK BABY

オハイオのアングラレーベルBig Daddy Soundから出たMr.Realのソロシングル。写真はおそらくMr.RealとK-LuvというR&Bシンガー。映画の撮影かのようなおしゃれな車と服装がキマっている。

CASSETTE FILES #042

EAST BANK GANGSTAS
“Problem Solver”
(Lil Mac Records)

Year: 1995
Area: New Orleans, LA
Number of Tracks: 8
Rarity: ★★★★☆

LIL' RICKY DA MASK BABY

ニューオーリーンズの詳細不明グループ、East Bank GangstasのデビューEP。FAXで送られてきたような荒れ荒れ写真のお手製ジャケだが侮るなかれ。スローでレイドバックした曲“Can't Make Love”など、光る曲が多数収録されている見逃し厳禁作。

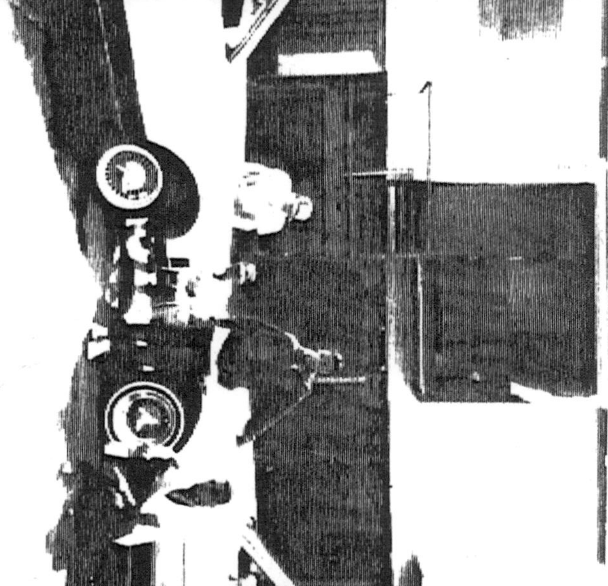

CASSETTE FILES #043

THREE 6 MAFIA

“Mystic Stylez”

(Prophet Entertainment)

Year: 1995

Area: Memphis, TN

Number of Tracks: 16

Rarity: ★★★★☆

LIL’ RICKY
DA MASK BABY

手製のカセット販売から始まり、最終的にメンフィスラップを全世界に知らしめた王者、Three 6 Mafia の全国デビュー作。ソウルやホラー映画テーマなど、多彩なネタ使いをしたビートに、恐ろしいリリックを乗せるラップスタイル。原点にして最高峰、文句なしの傑作だ。

CASSETTE FILES #044

GANKSTA "C"

"Str8 Husla"

(Mack Time Records)

Year: 1993
Area: Dallas, TX
Number of Tracks: 6
Rarity: ★★★☆☆

LIL' RICKY DA MASK BABY

ダラスのソロアーティスト、Ganksta C のデビュー作。80 年代後半から90 年代前半に活躍したRon C の弟。後ろポケットから銃をチラつかせた立ち姿がかっこいい。後に出すアルバム"Stepchild"と共に一聴の価値あるダラスクラシックだ。

CASSETTE FILES #045

PLAYA G
*"Pimp Sh*t"*
(East Wood Recordings)

Year: 1996
Area: Nashville, TN
Number of Tracks: 12
Rarity: ★★★★☆

GONZOSTA T

何と言ってもピストル構える主役のG男より側に寄り添う愛人ビヤ〜ッチのムッチリとエロい肢体に目が釘付けだ。この水着着てみた〜い♡というおカマさんがあちらこちらで続出したという噂もあるらしい(笑)。中味もサザンフレーヴァー溢れる素ん晴らしい出来栄えでおやGは悶絶だ。

CASSETTE FILES #046

SILENT CRIES FROM THE GHETTO

“The Soundtrack”

(Trigga Happy Records)

Year 1996
Area San Francisco, CA.
Number of Tracks 18
Rarity ★★☆☆☆

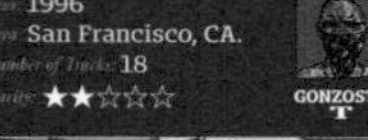

GONZOSTA T

レスG 様は私の贔屓のプロデューサーである。おやG 好みの甘茶ソウルに裏打ちされたG センスが鬼凄だ。ロスのストリートに屯する血の気の多い命知らずのG 男達をかき集めて作ったのがコレ。南部産G ラップの迫力に押されがちの西海岸G ラップの救世主として熱い視線を浴びる存在だ。

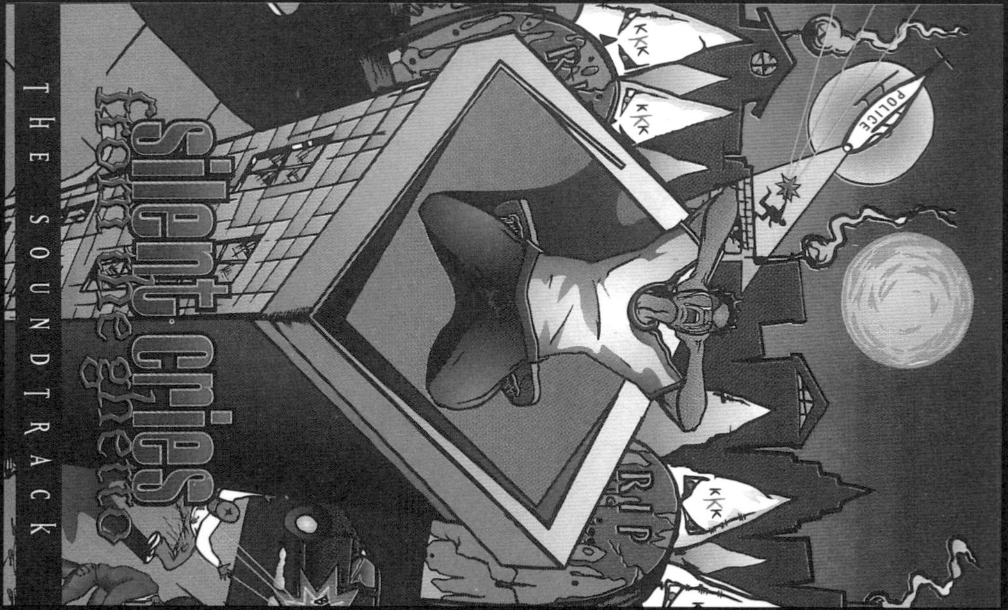

PARENTAL ADVISORY EXPLICIT LYRICS

R.A.W.

HERE LIE
3 BLACK
MEN.

Buried Alive

CASSETTE FILES #047

R.A.W.
"Buried Alive"
(Spotlite Records)

Year: 1993
Area: Dallas , TX
Number of Tracks: 13
Rarity: ★★★★☆

LIL' RICKY
DA MASK BABY

ダラステキサスの3人グループによるテープオンリーアルバム。悪徳警官、悪徳判事、KKK に生き埋めされている絵ジャケは生きづらい世の中への風刺なのか。

CASSETTE FILES #048

K-CHILL

"The Chill Factor"

(Jammitt Recordings)

Year: 1992
Area: Cleveland, OH
Number of Tracks: 7
Rarity: ★★★☆☆

LIL' RICKY DA MASK BABY

クリーブランドオハイオの女たらしラッパーのデビューEP。この後にフルアルバムを出しているがそちらのジャケでは下着の女にカニ挟みされている。CHILL の"I"が温度計になっているロゴがシャレてる。

CASSETTE FILES #049

PARTNERS-N-CRIME

"Pussy N A Can"
(Big Boy Records)

Year 1993
Area New Orleans, LA
Number of Tracks 4
Rarity ★★★★★

LIL' RICKY
DA MASK BABY

ニューオーリーンズのデュオ、Partners N Crime の記念すべきデビューシングル。2010 年代まで多くのリリースを続けていた息の長いコンビ。立ちションジャケが印象的。

CASSETTE FILES #050

TRIFLIN PAC

"Triflin's Da Word"

(Po Hustlin Entertainment)

Year: 1997
Area: Atlanta, GA
Number of Tracks: 10
Rarity: ★★★★☆

LIL' RICKY DA MASK BABY

93年に大物歌手Keith Sweatプロデュースのもとで Elektraからシングルデビューを果たしたが、その後のリリースがないまま脱退。自主レーベルからカセットとLPのみで、ようやくリリースされた1st アルバム。埋もれてしまうには勿体なさすぎる佳作だ。

CASSETTE FILES #051

RAW ICE

"Time to Pay the Boss"
(Conneyonne Records)

Year: 1991
Area: Cleveland, OH
Number of Tracks: 17
Rarity: ★★★★★

LIL' RICKY DA MASK BABY

善良に見えるシンガーのような集団に自分の墓を掘らされているのは裏切り者なのか、ノルマを払えなくなった債務者なのか…オハイオのラップグループ Raw Ice のデビューアルバム。メンバーの Gold は後にボンサグが結成させた Mo Thugs の一員としても参加していた。

CASSETTE FILES #052

X-NIGGAZ

"Niggaz"

(2X Records)

Year: 1993
Area: Homewood, IL
Number of Tracks: 6
Rarity: ★★★☆☆

BIG-K

じっくりジャケットを見てほしい。使用前は荒れた街に屯する無軌道な若手G の集団が、思想と目標を持つことで顔つきも凛々しくなり、統制の取れた集団に様変わり。しかし、集団にこびりついたG の空気を拭うことは出来ず、弱肉強食のG の世界を突き進むことに…。

CASSETTE FILES #053

X-NIGGAZ

"Runnin' Thangz"

(2X Records)

Year: 1995
Area: Homewood, IL
Number of Tracks: 8
Rarity: ★★★☆☆

BIG-K

悲しい仲間割れか、家族同然の仲間でも裏切りは許さないのがファミリーの掟。同じ釜の飯を食った仲間を手に掛けたせめてもの弔いに流す40とHenny、哀愁たっぷりかつ都会的スムースな曲の数々を聞くと自然と涙が頬を伝う。

CASSETTE FILES #054

X-NIGGAZ

“Million Man March Continues”

(2X Records)

Year 0000
Area Homewood, IL
Number of Tracks 6
Rarity ★★★☆☆

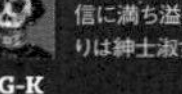
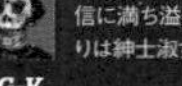
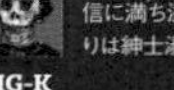

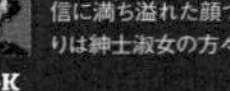
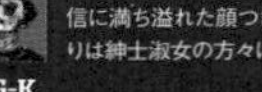
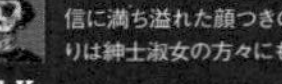
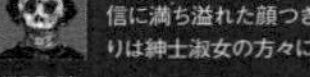

BIG-K

百万を超える群衆を率いる5人の精鋭が帰ってきた。それぞれ自信に満ち溢れた顔つきの通り、イリノイGたる威厳あるラップぶりは紳士淑女の方々にも楽しめる一品。

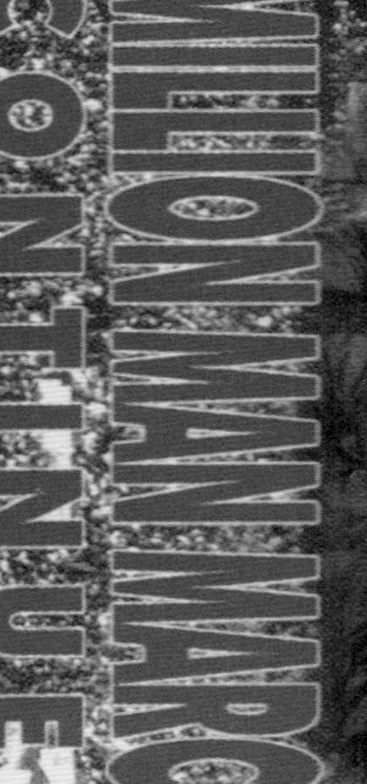

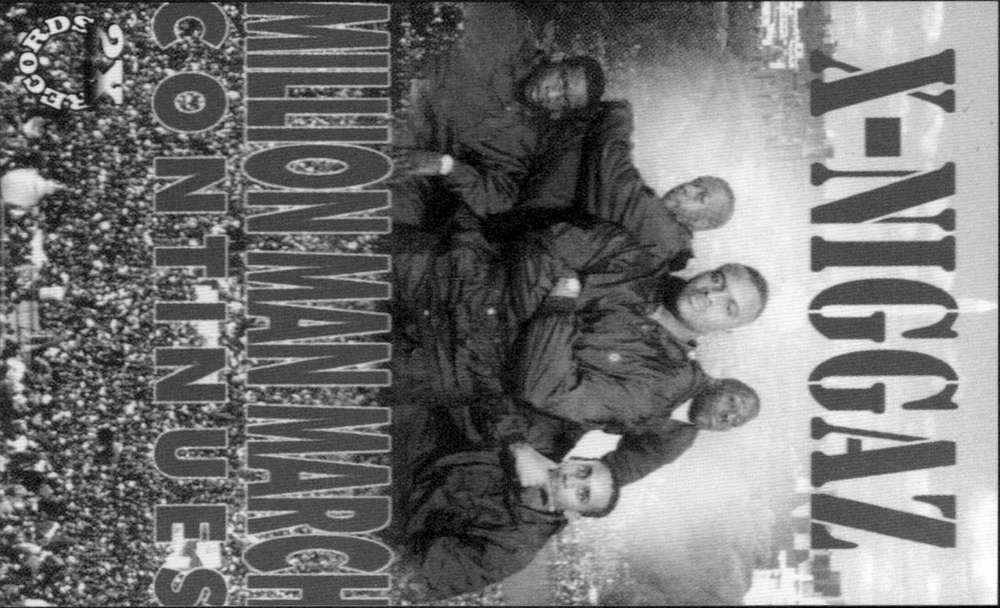

CASSETTE FILES #055

BROTHERS OF THE SAME MIND

"Brothers of the Same Mind"

(Conspiracy Records)

Year: 1991
Area: Seattle, WA
Number of Tracks: 7
Rarity: ★★☆☆☆

LIL' RICKY

シアトルのローカルグループ、Brothers of the Same Mind。90年代始めに数枚のEPやシングルをリリースをしたきり活動が止まってしまっていたが、2021年に当時の未発表曲を含めた新作を発表している。ジャケには30年の時を経た同じ5人が写っている。

DOWN-N-DIRTY HU$TLAS

"Panty Fiend"

(Butt Naked Records)

Year: 1993
Area: San Francisco, CA
Number of Tracks: 10
Rarity: ★★★★

GONZOSTA T

全国のパンティフェチ諸兄がヨダレにまみれて抱きしめるエロジャケの王様だ！エロジャケBest 20 (⇨P.342)にも堂々チャートイン♡じっくり眺めまわしておくんなさい。ラップってるのは西海岸エリアで喧嘩に明け暮れる腕自慢チン棒自慢の荒くれG男たちでござんすよ。

CASSETTE FILES #057

BLACK MENACE

"Ghetoasnigga"

(Prime Suspect Productions)

Year: 1992
Area: New Orleans, LA
Number of Tracks: 8
Rarity: ★★★☆☆

LIL' RICKY DA MASK BABY

No Limit、Cash Money に次ぐルイジアナの名門レーベルBig Boy Records の礎を築いた重鎮、Black Menace の記念すべきデビュー作品。このリリースの後にBig Boy と契約し、一躍全国区となった。

CASSETTE FILES #058

BLACK MENACE

"Drama Time"

(Big Boy Records)

Year: 1995

Area: New Orleans, LA

Number of Tracks: 12

Rarity: ★★☆☆☆

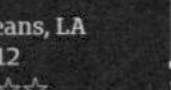
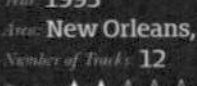
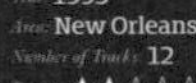

前ページのデビューから3年後に出したBlack Menaceの3作目。Black Menaceはどの作品も良いのだが、個人的にはこの3作目がベスト。ジャケもPen & Pixelに依頼し、ビシっとキマっている。

ICE MIKE

WARNING: EXPLICIT LYRICS!

BRING DA HEAT

CASSETTE FILES #059

ICE MIKE
"Bring Da Heat"
(C & M Records)

Year: 1991
Area: New Orleans, LA
Number of Tracks: 5
Rarity: ★★★★☆

LIL' RICKY DA MASK BABY

ニューオーリーンズのシーンを初期から支え続けている大重鎮、Ice Mikeの初期作。Big Boy RecordsやTre-8など多くのラッパーに楽曲を提供した。活動はニューオーリーンズだけに止まらず、お隣テキサス州のS.P.C.や20-2-Lifeとも繋がり仕事をしている。

CASSETTE FILES #060

KACH 22

"Truth Wit No Mercy"
(Fortune 5 Entertainment)

Year: 1996
Area: Indianapolis, IN
Number of Tracks: 9
Rarity: ★★★★★

BIG-K

The Phat Pac にも参加のKach22 単独作。40S などの酒の空き瓶、銃にドラッグと、ハードな日々を生きるゲットーの日常を表すジャケットはディスプレイの構図違いで別バージョンがあるのもG ラップの醍醐味。ほっこり日向系メロー満載の一本はマニヤ喉手な1本。

KACH 22
TRUTH WIT NO MERCY
(this is what amerikkka made, don't blame us)

KACH.22
TRUTH WIT NO MERCY

(THIS IS WHAT AMERIKKKA MADE,
DON'T BLAME US)

CASSETTE FILES #061

KACH. 22

"Truth Wit No Mercy"

(Fortune 5 Entertainment)

Year: 1995
Area: Indianapolis, IN
Number of Tracks: 9
Rarity: ★★★★★

前ページにてBIG-Kが紹介したKach.22のジャケット違いバージョン。収録されている曲などは同じだが、ジャケの写真やデザインが微妙に違うものになっている。よ〜く写真を見比べると車輪の前に置かれている物の配置が変わっていたりしていて面白い。

CASSETTE FILES #062

TEN WANTED MEN

"Wanted: Dead or Alive"

(Street Smart Records)

Year: 1995
Area: Memphis, TN
Number of Tracks: 13
Rarity: ★★★★★

LIL' RICKY
DA MASK BABY

Tommy Wright がレーベル仲間9 人を引き連れ結成したラップグループ、Ten Wanted Men のデビューアルバム。完全自主制作で、ジャケあり、ジャケなし等さまざまなバージョンが存在しているため、オリジナルを手に入れるのは非常に困難になっている。

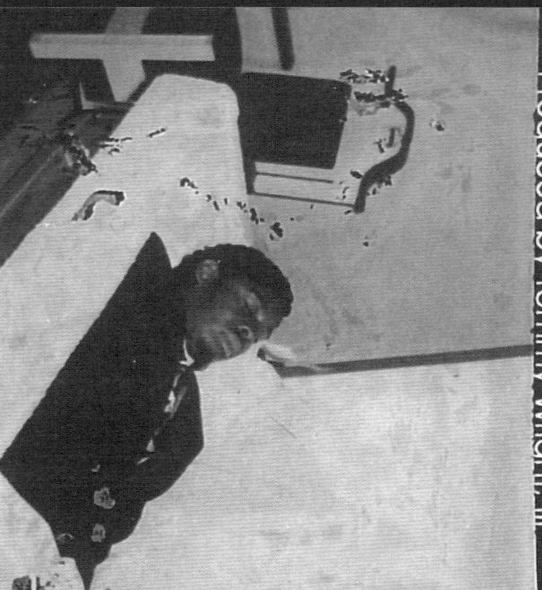

CASSETTE FILES #063

TOMMY WRIGHT III

"Ashes 2 Ashes, Dust 2 Dust"

(Street Smart Records)

Year: 1994
Area: Memphis, TN
Number of Tracks: 16
Rarity: ★★★★★

LIL' RICKY DA MASK BABY

メンフィスラップを語る上で絶対に欠かせない人物、Tommy Wright 3世の2作目。掘っているのは自分のためか、はたまた殺した敵のためなのか。下の白いスペースに文字が入ったバージョンのジャケも存在している。

CASSETTE FILES #064

TOMMY WRIGHT III

"Runnin-N-Gunnin"

(Street Smart Records)

Year 1995
Area Memphis, TN
Number of Tracks 17
Rarity ★★★★★

LIL' RICKY DA MASK BABY

前ページから1年後にリリースされた、Tommy Wrightの3作目。自主制作としてはこれが最後のソロ作品。この後に出した"On The Run"から、配給会社がつくことになり全国に名が知られることになる。個人的には、ラストにしてベストな作品だ。

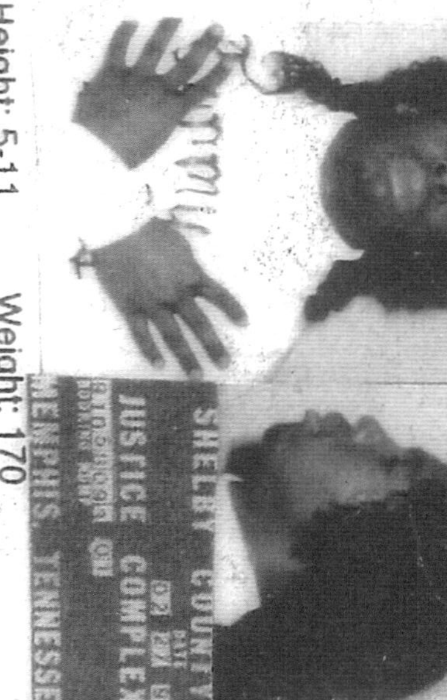

TOMMY WRIGHT III
'RUNNIN - N - GUNNIN"
STREET SMART RECORDS
SHELBY COUNTY
JUSTICE COMPLEX
MEMPHIS, TENNESSEE
Height: 5-11 Weight: 170
Place of Birth: TN
Hair: Black Eyes: Brown
Complexion: Light
Scars, Marks, Tattoos: none
SS# 409-41-2032
Charges:Convicted of 10 kilos. of cocaine. Failed to surrender to serve 6 year sentence. Was on $25,000 bond.

CASSETTE FILES #065

TOMMY WRIGHT III

“On the Run”

(Street Smart Records)

Year: 1996
Area: Memphis, TN
Number of Tracks: 16
Rarity: ★★★☆☆

LIL' RICKY DA MASK BABY

数々の自主製作テープをリリースし、着々と地元ファンを増やしていったTommy Wright 3世。そういういった活動が遂に実を結び、初の全国発売となった作品。トミーヒルフィガーの服を着ているのがちょっと面白い。

CASSETTE FILES #066

SNUBNOZE

“Off Safty”

(Snubnoze Muzik)

Year: 1997
Area: Memphis, TN
Number of Tracks: 8
Rarity: ★★★★☆

LIL' RICKY
DA MASK BABY

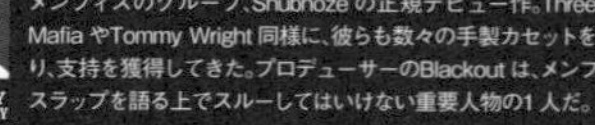

メンフィスのグループ、Snubnoze の正規デビュー作。Three 6 Mafia やTommy Wright 同様に、彼らも数々の手製カセットを売り、支持を獲得してきた。プロデューサーのBlackout は、メンフィスラップを語る上でスルーしてはいけない重要人物の1 人だ。

CASSETTE FILES #067

BIG ROD & MONEY T

"What's the Happs"

(Out On Bail/Steele Records)

Year: 1994
Area: Birmingham, AL
Number of Tracks: 5
Rarity: ★★★☆☆

LIL' RICKY DA MASK BABY

バーミンガムアラバマの２人組、Big Rod & Money-Tのデビュー EP。未確定だが同郷のグループ、Kloud 9 Posseに関係していると思われる。漫画の1コマのように吹き出しを付けられたジャケが斬新だ。

CASSETTE FILES #068

ASSASSIN
"Hitworks Volume 1"
(Liferdef Records)

Year: 1996
Area: San Jose , CA
Number of Tracks: 16
Rarity: ★★☆☆☆

GONZOSTA T

自らを暗殺者と名乗って狂気を孕んだチカーノ系G男だが、ベイブリッジ周辺にうろつく凶暴な野良犬G男たちをどっさり集めて作ったのがコレ。銃声が響く中、不気味な笑い声に続いてねっとりメロ〜な語りが入るというおやG泣かせのイントロは一度ハマるとクセになる麻薬のような妖しい魔力に溢れている。

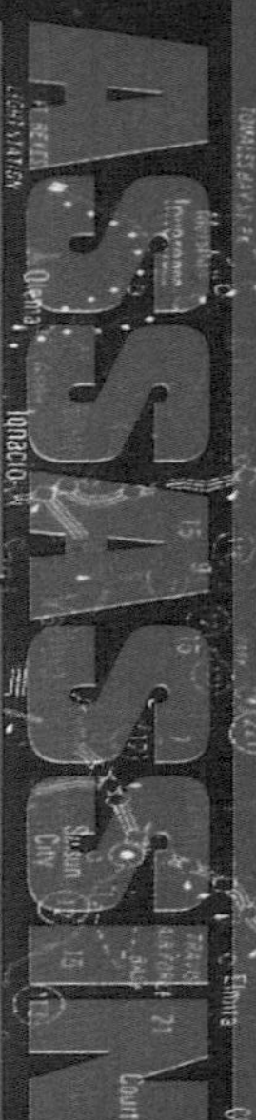

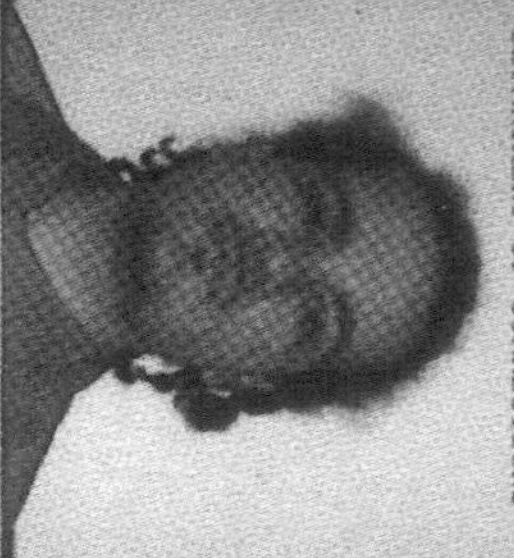

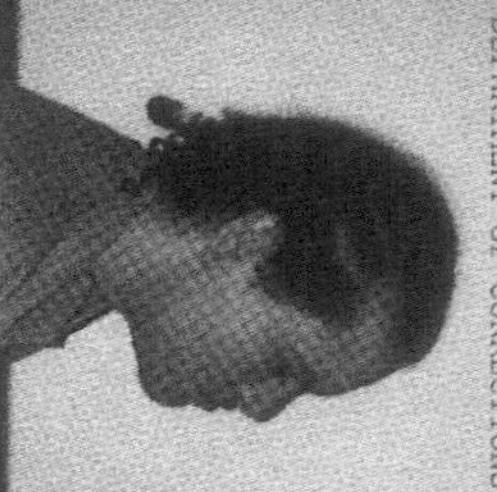

CALIFORNIA STATE
DEPARTMENT OF CORRECTIONS
408415510707916
ASSASSIN
HITWORKS VOLUME ONE
HITWORKS
VOLUME ONE FEATURING:
2 PAC SHOCK G MONEY B
CHUNK SLICK RICK 5150 [RYAN D]
RATED R [THUGLIFE] SHKILLA CISCO
HAVIKK [SOUTH CENTRAL CARTEL]
YOUNG LIFE GANGSTA D [BOSS]
BLOODY MARY LAYLAW
PLUS MANY MORE...

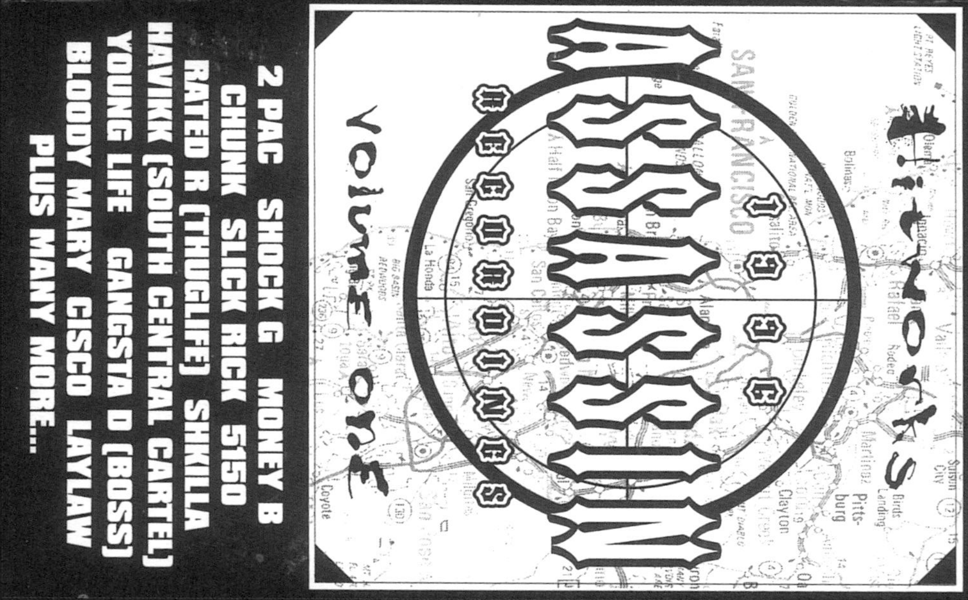

Hitworks

1996

ASSASSIN

RECORDINGS

VOLUME ONE

2 PAC SHOCK G MONEY B
CHUNK SLICK RICK 5150
RATED R (THUGLIFE) SHKILLA
HAVIKK (SOUTH CENTRAL CARTEL)
YOUNG LIFE GANGSTA D (BOSS)
BLOODY MARY CISCO LAYLAW
PLUS MANY MORE...

CASSETTE FILES #069

ASSASSIN
"Hitworks Volume 1 (Promo)"
(STR-8 Hitworks)

Year: 1996
Area: San Jose, CA
Number of tracks: 16
Rarity: ★★★★☆

サノーゼのチカーノギャングスタ、Assassinのクラシックデビュー作Hitworks Volume 1のレアなプロモカセット。前ページで紹介した正規版の発売前に作られたものなのだろうか。中身は一緒だが、ジャケ違いのコレクターアイテムだ。

CASSETTE FILES #070

ONE ON ONE
“Confuzn”
(490 Records)

Year: 1994
Area: College Station , AR
Number of Tracks: 8
Rarity: ★★★★☆

建物の屋上の通気管の前でポーズを決めているのは、アーカンソーのローカルグループ、One On One。流れるように気持ちいいフローのマイクリレーがかっこいいデビューアルバムだ。

RIALEGNET

$LOOKING FOR THA'
$BANKROLL$

Explicit Lyrics

CILENT RAGE
"Looking for tha' Bankroll"
(Deftonic Records)

Year 1992
Area Dallas, TX
Number of Tracks 6
Rarity ★★★★☆

ダラスのローカルグループ、Cilent Rage のEP カセット。90 年代初頭のオールドスクールギャングスタサウンド。高架下の瓦礫だらけのロケーションで撮った写真がとてもかっこいい。

CASSETTE FILES #072

MISSISSIPPI DOWN SOUTH PLAYAZ

“Playaz Mentarity”

(Mad Root Records)

Year: 1999
Area: Clarksdale, MS
Number of Tracks: 14
Rarity: ★★★☆☆

BIG-K

車に腰を掛けながら鼻の穴をおっぴろげて精一杯に強がってみせる2人組。ただ、その表情はすべての人を包み込むような優しさを感じさせる。Pen & Pixel によるデザインワークで怪しさ3割増し、それに答えるかの如くの雷、雨の音が鳴りまくりの1本。

CASSETTE FILES #073

MAC & STORM

"Mad or Jealous"

(Ion!que Records)

Year: 1996
Area: New Orleans, LA
Number of Tracks: 3
Rarity: ★★★★☆

LIL' RICKY DA MASK BABY

Lil Mac 名義で少年期からCD をリリースし、Master P 率いるNo Limit Soldiers の主要メンバーとして活躍したMac。こちらはNo Limit 加入前にStorm という女ラッパーと共に出したシングル。キャッチーでとても聞きやすい一作だ。

CASSETTE FILES #074

SMITH PARK MAFIA CLICK

"Straight from the Park"
(Power Play Records)

Year: 1996
Area: Toledo, OH
Number of Tracks: 16
Rarity: ★★★★☆

LIL' RICKY
DA MASK BABY

トレドのローカルグループ、Smith Park Mafia Clickのデビューアルバム。溜まり場の公園から全国への長い道のりを歩んでいくというコンセプトなのだろう。リーダーのMr. Latoneはソロアルバムも出していて、そちらもマニアの間で人気となっている。

(kway- low- heem)[9]

FEATURING

PSYCHODRAMA

PARENTAL ADVISORY EXPLICIT LYRICS

QUALOHEEM

"(Kway-low-heem)"

(Qcontinuum Enterprises)

Year: 1996
Area: Chicago, IL
Number of Tracks: 4
Rarity: ★★★★☆

LIL' RICKY
DA MASK BABY

シカゴのグループ、Qualo のデビューシングル。地道な活動により地元の熱狂的な支持を得て、2000 年代中盤にUniversalとメジャー契約を結ぶことに成功。さらなる飛躍が期待されたがアルバムのリリースはなかった。

CASSETTE FILES #076

20-2-LIFE

"Inside Looking Out"

(Bigtyme Recordz)

Year: 1993
Area: Houston, TX
Number of Tracks: 5
Rarity: ★★★★☆

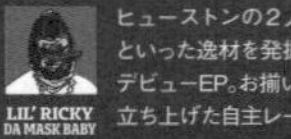

ヒューストンの２人組、20-2-Life。DJ Screw、UGK、Point Blankといった逸材を発掘したBig Tyme Recordsからリリースされたデビュー EP。お揃いのパーカに描かれたイラストは、後に独立し立ち上げた自主レーベルのロゴになっている。

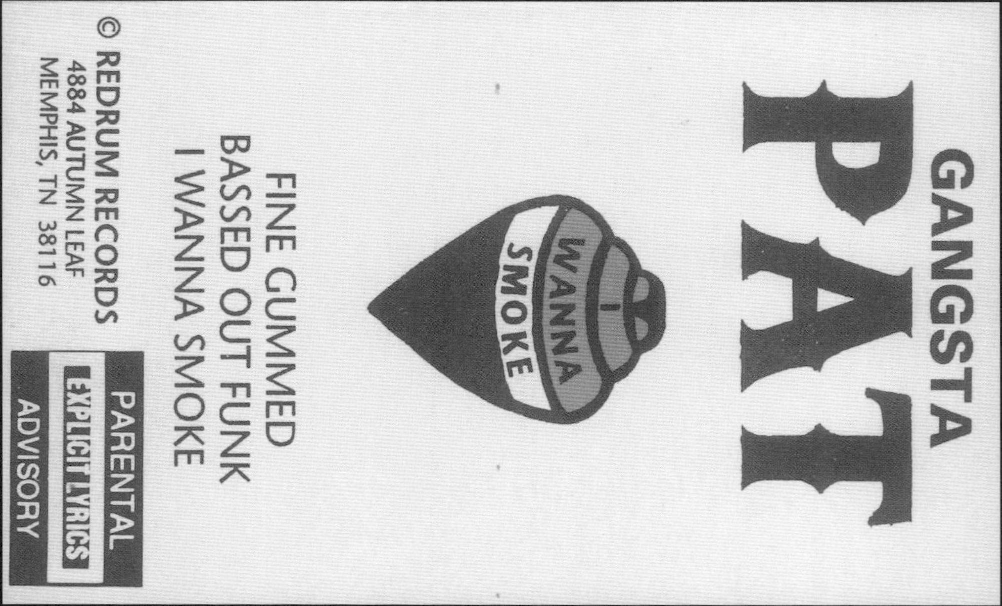

GANGSTA

PAT

FINE GUMMED
BASSED OUT FUNK
I WANNA SMOKE

© REDRUM RECORDS
4884 AUTUMN LEAF
MEMPHIS, TN 38116

PARENTAL
EXPLICIT LYRICS
ADVISORY

メンフィスのベテランラッパー、Gangsta Pat が出したシングルカセット。噛みタバコのパッケージをパロディーにしたジャケが可愛い。

Year: 1996
Area: Memphis, TN
Number of Tracks: 8
Rating: ★★★★☆

CASSETTE FILES #077

GANGSTA PAT
"I Wanna Smoke"
(Redrum Records)

CASSETTE FILES #078

US FROM DIRRT

"Us from Dirrt"

(Us from Dirrt)

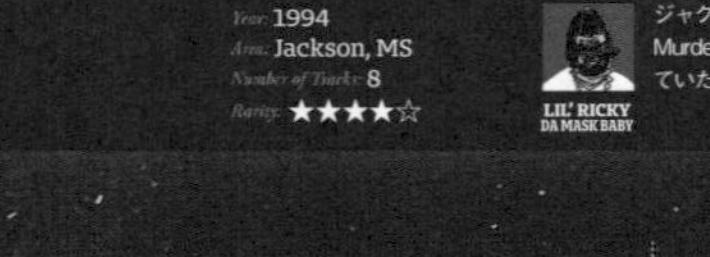

Year: 1994
Area: Jackson, MS
Number of Tracks: 8
Rarity: ★★★★☆

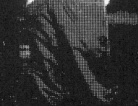

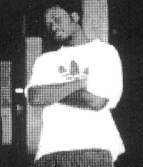

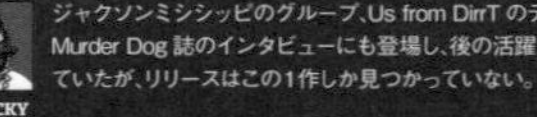

ジャクソンミシシッピのグループ、Us from DirrT のデビュー作。Murder Dog 誌のインタビューにも登場し、後の活躍が期待されていたが、リリースはこの1作しか見つかっていない。

CASSETTE FILES #079

DOC ROUN-CEE & THE BLACKMAN

"Chapter 3: Elevation"
(Sicken Duck Records)

Year: 1995
Area: Detroit, MI
Number of Tracks: 8
Rarity: ★★★☆☆

LIL' RICKY DA MASK BABY

ラップもできてしまうロックミュージシャンとして一世を風靡したデトロイトの大物Kid Rock のグループに所属していたデュオ、Doc Roun-Cee とThe Blackman の2作目。壁に描き込まれた2 人の肖像イラストがインパクト大。

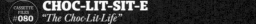

CASSETTE FILES #080

CHOC-LIT-SIT-E

"The Choc-Lit-Life"

(RrUSH Records)

Year: 1994

Area: Fort Worth, TX

Number of Tracks: 6

Rarity: ★★★★☆

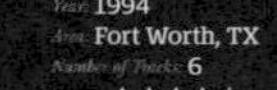

LIL' RICKY
DA MASK BABY

フォートワース／ダラス出身の3人組グループ、Choc-Lit-Sit-EのEP。手前に写っているDJ Flexは後にPimp Playa Hustlasというグループにも参加している。

C.O. THA! BAD BLACK
A Good Side And A Bad Side

PARENTAL ADVISORY EXPLICIT CONTENT

CASSETTE FILES #081

C.O. THA! BAD BLACK

"A Good Side and a Bad Side"

(Bad Black Ent.)

Year: 1998
Area: Chicago, IL
Number of Tracks: 6
Rarity: ★★★☆☆

LIL' RICKY
DA MASK BABY

90年代初期から活動していたシカゴのベテランC.O. Tha! Bad Black のEP カセット。Black Mob というグループのメンバー。裏の顔として表現されている小刀を持ったアサシンのイラストが印象的。

CASSETTE FILES #082

AL-D
"Home of the Free"
(Jam Down Records)

Year: 1995
Area: Houston, TX
Number of Tracks: 12
Rarity: ★★★☆☆

GONZOSTA T

咳止めシロップの飲み過ぎであの世に旅立ったスクリュウ王のD.J. Screw を兄に持つこのG男だが、どこか孤独な影を感じさせる表情にグッとくるG 狂も多いだろう。テキサス州ヒューストンに腰を据えタイトル曲や"Ghetto Child"などメロ〜なラップを連発する。

AL-D
HOME OF THE FREE
Remixed By: DJ Screw
AS LONG AS YOU'RE DEAD...
Featuring Lil Mel & DREN
PARENTAL ADVISORY EXPLICIT LYRICS

ZIG ZAG

DUKE

Strapped In Da 90's

WARNING:
EXPLICIT
LYRICS

CASSETTE FILES
#083

ZIG ZAG

"Strapped in Da 90's"

(Big Mama Records)

Year: 1997
Area: Atlanta, GA
Number of Tracks: 2
Rarity: ★★★☆☆

アトランタジョージアのソロアーティスト、ZIG ZAG によるデビューシングル。確認されているリリースはこの1作だけ。詳細はあまり分からないが、同郷のDJ Wen と親交が深いようで、彼のCDにも何度か登場している。

CASSETTE FILES #084

M.T.S.

"Rap Criminals Nothing Can Save U"

(Royal Records)

Year: 1990
Area: Miami, FL
Number of Tracks: 2
Rarity: ★★★★★

LIL' RICKY
DA MASK BABY

詳細不明なマイアミのラップグループ。四辺いたるところに文字が入ったデザインで、どれがアーティスト名でタイトルなのかわからないが、おそらく青い文字がそうなのだろう。30年以上前の作品なのに服装が割と今風？

CASSETTE FILES #085

MERSONARYS

"Who Am Eye?"

(Crossbow Records)

Year: 1997
Area: Detroit , MI
Number of Tracks: 4
Rarity: ★★★★★

LIL' RICKY DA MASK BABY

デトロイトミシガンのグループMersonary's のデビュー作。Who Am I? の"I"が涙を流した"Eye"になっている。悪事と狂気に溢れた日常の中、ふと我に返ったときに浮かぶ疑問をタイトルにした作品。

CASSETTE FILES #086

MERSONARY'S

"Time for a Hit"

(Bull Dog Entertainment)

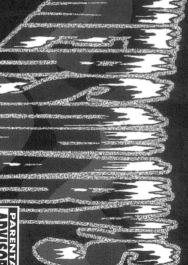

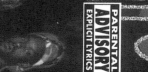

Year: 1997
Area: Detroit, MI
Number of Tracks: 4
Rarity: ★★★☆☆

LIL' RICKY DA MASK BABY

前ページのエモーショナルな絵ジャケから一転し、迷彩姿の写真を披露したMersonary'sの2作目。前作と同年、レーベルを変えて即出したこちらのEP も力作。さらに翌年、Mersonary Killaz と名義を変更し出したアルバムもオススメだ。

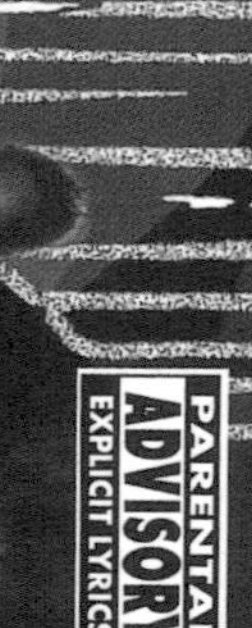

CASSETTE FILES #087

2 BLACK BASSTUDS

“Born a Bastard”

(Triple “M” Records)

Year: 1994
Area: Sacramento, CA
Number of Tracks: 14
Rarity: ★★★☆☆

LIL' RICKY DA MASK BABY

92年にソロEPをリリースしたYoung BowleggsがYoung Dre Dと結成したデュオ、2 Black Basstudsのデビューアルバム。サクラメント特有のダークなビートに、ゆったりとした語りラップが乗るスタイルは本作でも健在。

CASSETTE FILES #088

SHEEP DOGGY DOGG

"Doggystyle Funk"

(Boomin' Records)

Year: 1994

Area: Jacksonville, FL

Number of Tracks: 13

Rarity: ★★★★☆

LIL' RICKY DA MASK BABY

Snoopへの憎悪により、名前だけでなくジャケの雰囲気まで堂々とパロってしまったフロリダの女ラッパー。一見ふざけたネタ作品に思えてしまうが、中身はしっかりとした力作になっている。イラストもSnoopのものとは別の人物が担当したようだがかなり再現性が高い。

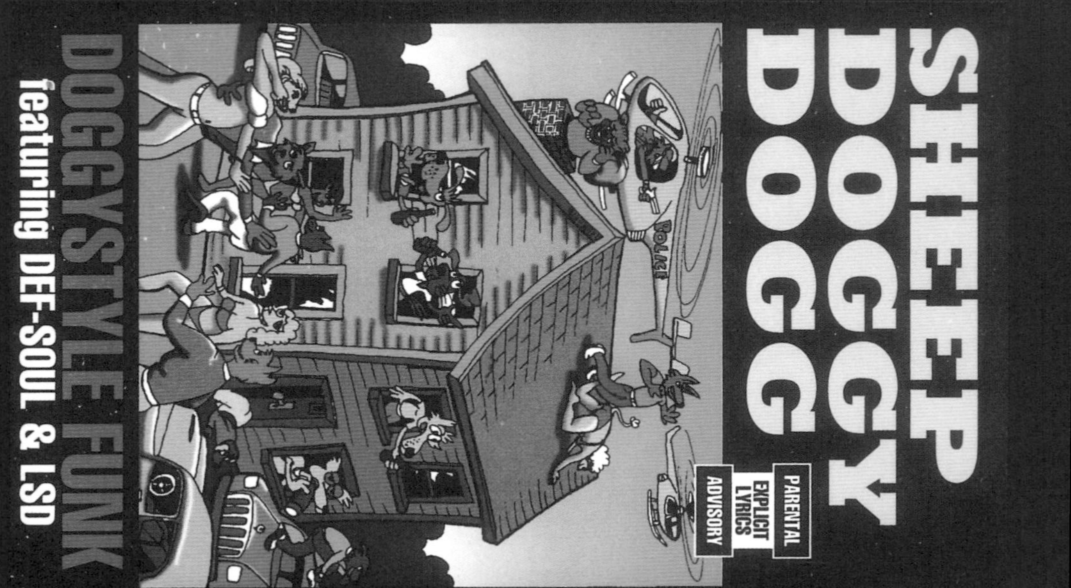

SHEEP DOGGY DOGG

PARENTAL EXPLICIT LYRICS ADVISORY

POLICE

DOGGYSTYLE FUNK

featuring DEF-SOUL & LSD

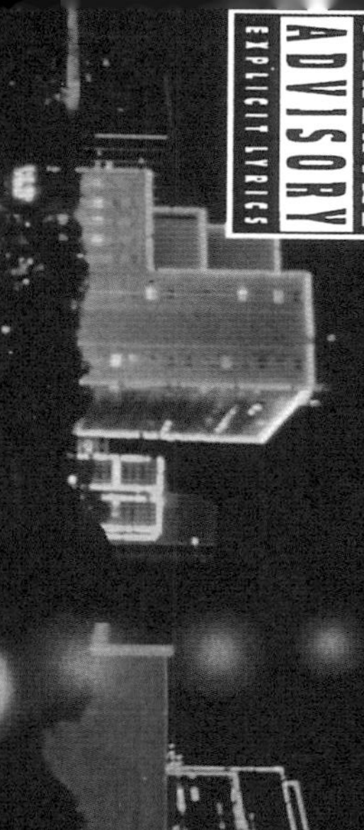

CASSETTE FILES #089

TIC
"Troubleman"
(Boy N Girl Records)

Year: 1996
Area: Fort Worth, TX
Number of Tracks: 4
Rarity: ★★★★☆

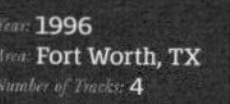
LIL' RICKY
DA MASK BABY

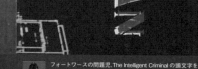

フォートワースの問題児、The Intelligent Criminal の頭文字を取ったTIC のデビューシングル。この後に出したフルアルバム「Untouchable」は今でも高額で取り引きされているマニアのコレクターアイテムとなっている。

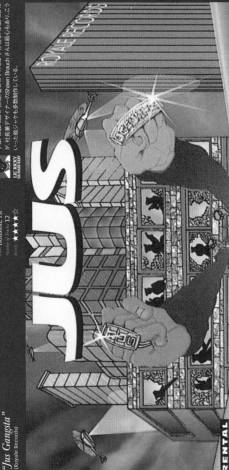

CASSETTE FILES #090

JUS GANGSTA

"Jus Gangsta"
(Royale Records)

Year: 1993
Area: Houston, TX
Number of Tracks: 12
Rarity: ★★★★☆

LIL' RICKY DA MASK BABY

ヒューストンテキサスのグループによるデビューアルバム。ジャケはPen&Pixel が担当。金ピカフルCG で有名なPen&Pixel だが、社長兼デザイナーのShawn Brauch さんは絵心もあり、こういった絵ジャケも多数制作している。

HUSTLA'S
AT WORK
THE
COMPILATION
FEATURING:
JACK FROST
SLICK WIT IT
LIL DAZE
B.S.G. LOC
TONE P.
KILL
Silk Style
Records and
Definite
Productions

CASSETTE FILES #091

HUSTLA'S AT WORK

"The Compilation"

(Silkstyle Records)

Year: 1995
Area: Las Vegas, NV
Number of Tracks: 10
Rarity: ★★★★☆

LIL' RICKY DA MASK BABY

ラスベガスネバダのラッパー達が寄せ合って出したコンピレーションアルバム。他の作品では見かけない無名なラッパーばかりだが内容はとてもGOOD。

CASSETTE FILES #092

M.C. THICK

"200+ LBS and Stumping from a Planet Called Marrero"

(Alliv Records)

Year 1991
Area Marrero, LA
Number of Tracks 4
Rarity ★★☆☆☆

LIL' RICKY
DA MASK BABY

地元の名前の入った標識の前でポーズを決めているのは、マレロのソロアーティスト、MC Thick のデビューシングル。後にメジャー契約を勝ち取り、輝かしい活躍が期待されたが、96 年に殺されてしまう。

CASSETTE FILES #093

SUAV TRE’

“In St. Louis / Will You Be There”

(SBP Records)

Year: 1994
Area: St. Louis, MO
Number of Tracks: 2
Rarity: ★★★★☆

BIG-K

ジャケットに写るSuav' Tre 本人は薄目で優しさすら感じさせる表情ながらその奥の目は笑っておらず、油断大敵と言わんばかりにふてぶてしく顎をしゃくりながら胸元のゴールドチェーンをアピール。セントルイスの伊達男による、甘く切なくやるせない(©Gonzosta 氏)ラップに泣かされた女性は数しれず。

CASSETTE FILES #094

JEKYLL HYDE & THE DARKSIDE

"Born Dead"

(Darkside Entertainment)

Year: 1996
Area: Grand Rapids, MI
Number of Tracks: 8
Rarity: ★★★★☆

LIL' RICKY DA MASK BABY

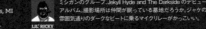

ミシガンのグループ、Jekyll Hyde and The Darkside のデビューアルバム。撮影場所は仲間が眠っている墓地だろうか。ジャケの雰囲気通りのダークなビートに乗るマイクリレーがかっこいい。

MO' CITY POSSE
"H-Town Straight from the Underground"
(Raze Up Records)

Year: unknown
Area: Houston, TX
Number of Tracks: 4
Rarity: ★★★★☆

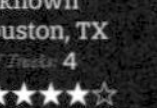

LIL' RICKY DA MASK BABY

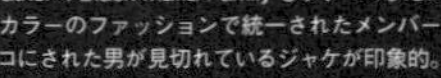

ヒューストンのラップ集団、Mo' City Posse のデビューEP。Godfather やBlack Mafia Family をリリースしたレーベル。レゲエカラーのファッションで統一されたメンバーの横で、ボコボコにされた男が見切れているジャケが印象的。

KHAYREE
"The Blackalation"
(Young Black Brotha Records)

Year 1997
Area Vallejo, CA
Number of Tracks 16
Rarity ★★☆☆☆

GONZOSTA T

車の中で静かに物想うこのG男こそオークランドのVタウン一帯を取り仕切る首領のカイリー様だ。端正な顔立ちとジムで鍛えた筋金入りの肉体で多くのG男から熱い視線を浴びている。70年代甘茶ソウルに裏打ちされた都会的なGセンスでイナたい南部ラップに対抗しているのだ。

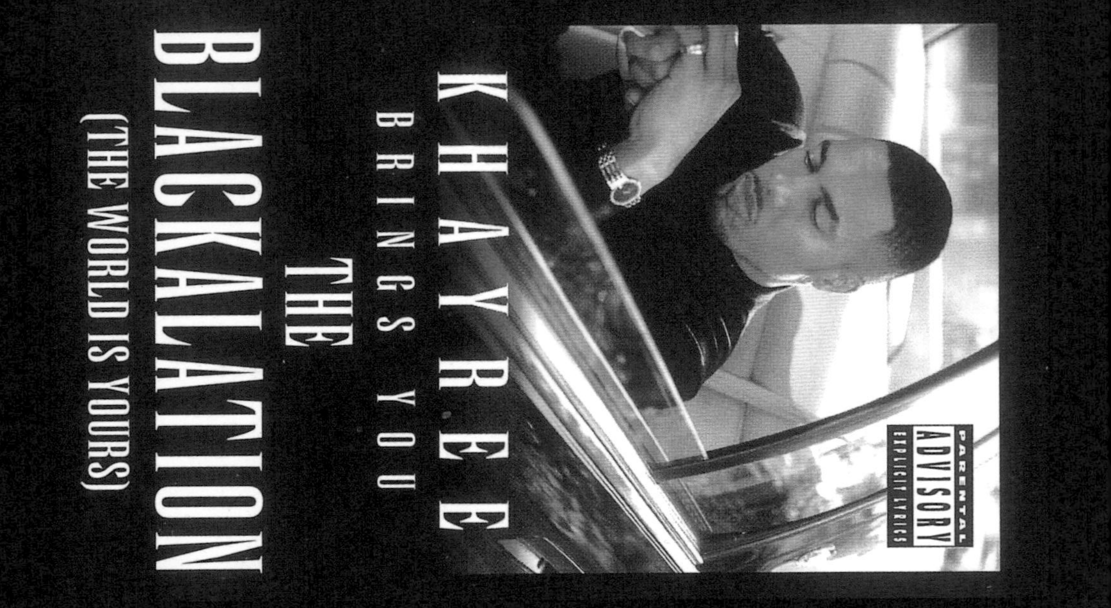

CASSETTE FILES #097

DEADLY DEUCE

"Nott Datt"

(Good As Gold Records)

Year: 1995
Area: St. Louis, MO
Number of Tracks: 15
Rarity: ★★★☆☆

BIG-K

アブラカダブラと唱えれば紫煙の中から現れるセントルイスのＧ２人組。肌ツヤ若い２人が、「雇われないで生きるぜ！」と宣言した気合満点メロー連発な１本。

CASSETTE FILES #098

E SMOOV

"Ain't No Love"

Power Flow Records)

Year: 1994
Area: Nashville, TN
Number of Tracks: 5
Rarity: ★★★★☆

LIL' RICKY DA MASK BABY

ナッシュビルの詳細不明のソロアーティスト、E Smoov のEP カセット。愛無き街の道路の傍らで見つめる先は敵対するギャングなのだろうか。縦ノリしたくなるナッシュビルのSpice-1 のようなラップスタイルがかっこいい。

CRIMINAL ELAMENT

Hit 'Em Where It Hurt

PARENTAL ADVISORY EXPLICIT LYRICS

DEADGAME RECORDS

CRIMINAL ELAMENT

CASSETTE FILES #099

CRIMINAL ELAMENT
"Hit 'em Where It Hurt"
(Dead Game Records)

Year: 1994
Area: Houston, TX
Number of Tracks: 10
Rarity: ★★☆☆☆

Trinity Garden Cartel と深い繋がりのあるヒューストンのグループ、Criminal Elament のデビュー作。汽車、でっかいドーベルマン、競走馬などが四方に走り回るジャケがインパクト大。

CASSETTE FILES #100

STONE
"Center of the Tootsee Roll"
($mo-Rap Records)

Year: 1995
Area: Ferndale, MI
Number of Tracks: 6
Rarity: ★★☆☆☆

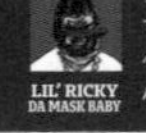
LIL' RICKY
DA MASK BABY

ファーンデールのソロアーティスト、Stone のデビューEP。まるで60 年代名作映画のポスターのようなジャケだが、しっかりとペアレンタルマークがついているのでご安心を。スローでレイドバックした曲が多く、夜にゆったり聴きたい作品だ。

STONE
"Center
of the
Tootsee
Roll"
(How Many
Licks Does
It Take?)

PLAYAZ TALEZ

PARENTAL ADVISORY EXPLICIT CONTENT

OMP

Orange Mound Player

CASSETTE FILES #101

OMP

"Orange Mound Player"

(Cashflow Records)

Year: 1997
Area: Memphis, TN
Number of Tracks: 12
Rarity: ★★☆☆☆

BIG-K

G-Luv 誌面でも苦味がかった表情のジャケットは印象に通よく残っている、G ラップのメッカ、メンフィスのオヤG の今作には、地元を代表するラッパーMJG の弟も参加しているという一本。このアルバムの最後には、ド直球な地元讃歌 "Memphis,TN"収録。

CASSETTE FILES #102

TWIN EVIL
"UrBand mEtal"
(Regi)

Year: 1997
Area: Houston, TX
Number of Tracks: 12
Rarity: ★★★★☆

ヒューストンのラッパーとメタルバンドが手を組んだ異色のグループ、Twin Evil のデビューアルバム。エレキギターが鳴り響くビートにラップを乗せた曲や、普通に熱唱している曲などジャンルにとらわれない作品になっている。ジャケはPen & Pixel が担当。

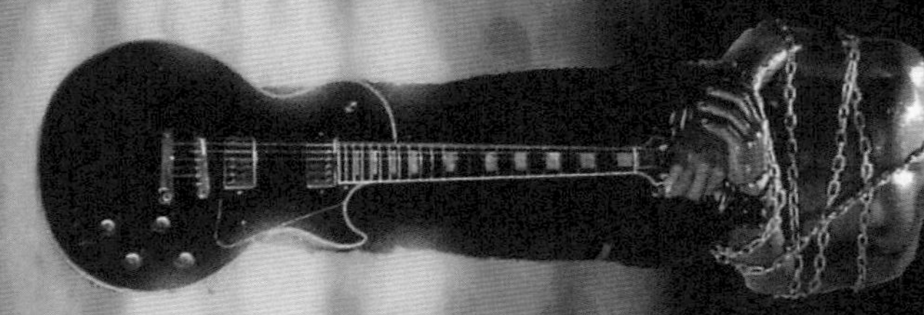

ROXI

SEXY GANGSTA

CASSETTE FILES #103

ROXI
"Sexy Gangsta"
(Groovin Records)

Year: 1994
Area: Los Angeles, CA
Number of Tracks: 1
Rarity: ★★☆☆☆

LIL' RICKY DA MASK BABY

ロサンゼルスの女ラッパー、Roxi のシングルカセット。CD、12inch でも出ているが、ジャケがついているのはカセット版のみ。彼女はYoutube チャンネルを開設しており、当時のMV などを公開している。

CASSETTE FILES #104

THE "L"

"Black Robinhood"

(Hard Head Records)

Year: 1993
Area: New Orleans, LA
Number of Tracks: 7
Rarity: ★★☆☆☆

LIL' RICKY DA MASK BABY

ニューオーリンズのグループMurder Inc. の構成員、MC L のデビュー作。銃を持って誰かを待ち伏せしている写真が絵になる。Murder Inc. 結成前の作品だが、この頃からかっこいいスタイルは確立されていた。

CASSETTE FILES #105

SHAUNI SHAUN

"6 Feet Deep"

(Street Life Records)

Year: 1993
Area: Stockton, CA
Number of Tracks: 4
Rarity: ★★★★★

小銃を持ちこちらを睨みつけているのはストックトンの詳細不明女ラッパー、Shauni Shaun。6 Feet Deep とは、墓で死体を埋める深さが6 フィートなことから、死という意味。Spice 1 のようなハードなスタイル。

CASSETTE FILES #106

YOUNG CELLSKI

"Livin in the Bay"

(Inner City Records)

Year: 1994
Area: San Francisco, CA
Number of Tracks: 5
Rarity: ★★★★★

LIL' RICKY
DA MASK BABY

サンフランシスコのベテランCellskiが出したシングルカセット。この前にも1作出していてそちらがデビュー作。一目見ただけで「Phunky Phat Graph-Xだ」と判る特徴的な画風の絵ジャケがかっこいい。

CA$H BOX
Production Co.
APPLICATION FOR A GANGSTA

CASSETTE FILES #107

CA$H BOX
"Application for a Gangsta"
(Lou B-Boy)

Year: 1993
Area: Gary, IN
Number of Tracks: 5
Rarity: ★★★★★

LIL' RICKY
DA MASK BABY

「俺これでめっちゃ稼いでます」とスロットマシーンの横でポーズを決めるのは、インディアナのG ラッパーCa$h Box。カジノの長なのだろうか。至る所につけられた高価そうなジュエリーが只者じゃない雰囲気を漂わせている。

CASSETTE FILES #108

J-BONE

"Flip Side Hustla's"

(U Be U & 2-Men Productions)

Year: 1993
Area: Flint, MI
Number of Tracks: 6
Rarity: ★★★★☆

LIL' RICKY DA MASK BABY

「俺のマイカーどう？」と誇らしげに両手を広げてキャディラックを自慢しているのはフリントミシガンのJ-Bone。西海岸のドクタードレーサウンドにゴリゴリラップを乗せたようなスタイルがかっこいい。

CASSETTE FILES #109

HUGH EMC
"The M.O.B."
(Soul Sonic Records)

Year: 1994
Area: San Francisco, CA
Number of Tracks: 19
Rarity: ★★★★☆

80年代から活動しているサンフランシスコのベテランラッパー。ベイエリアのDJとコラボ作を何作か出し、この作品を最後にリリースはしていない。ジャケはベイエリア御用達のPhunky Phat Graph-Xが担当している。

CASSETTE FILES #110

DIRT

"Bring Dat Funk"

(Flava Records)

Year: 1995
Area: Marrero, LA
Number of Tracks: 2
Rarity: ★★★☆☆

LIL' RICKY DA MASK BABY

マレロのローカルアーティスト、Dirt のデビューシングル。トイレに座り用を足したままレコーディングをしているMCの後ろで、ガスマスクをした男が立っているジャケはインパクト絶大。ジャケはふざけた感じだが、曲はこれぞルイジアナという王道G-Funk だ。

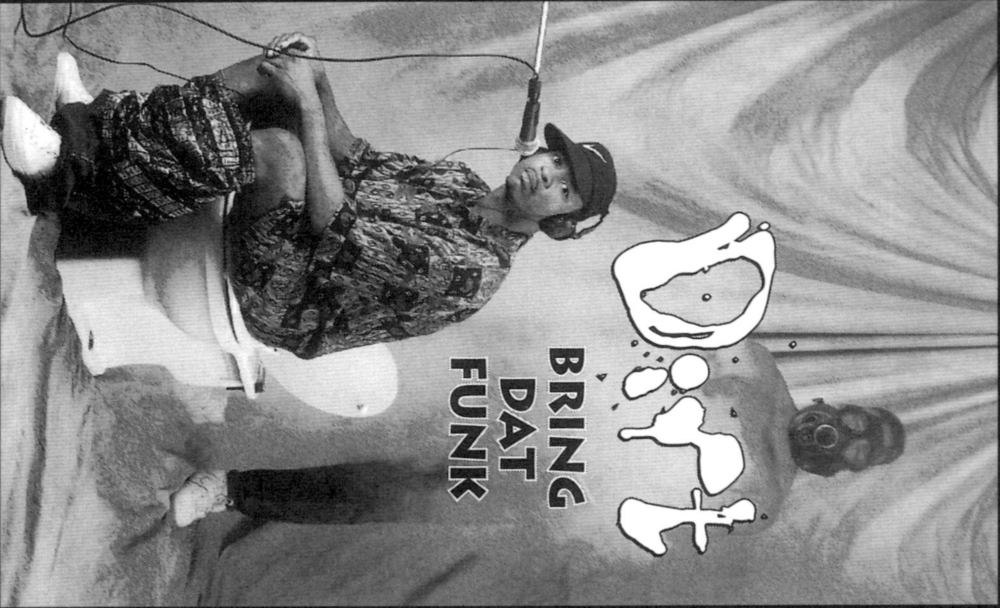

COMIN' FROM WATTS!

Featuring the Hit-Single "WATT'S UP"

Kill Kill

also featuring

Niggaz Still Strugglin'

CASSETTE FILES #111

KILL KILL

"Comin' from Watts!"

(Mace Man Records)

Year: 1995
Area: Los Angeles, CA
Number of Tracks: 7
Rarity: ★★★☆☆

ワッツのソロアーティスト、Kill Kill のデビューEP。強面な表情とは裏腹に、ソウルのネタを使ったスローな曲が大半を占めている。とても聴きやすい内容になっている。Gラップ入門にオススメ。

CASSETTE FILES #112

PLAYYA 1000 WITH THE D'KSTER
"Blame It on Society?"
(G.W.K. Records)

Year: 1993
Area: Tulsa, OK
Number of Tracks: 13
Rarity: ★★★☆☆

LIL' RICKY DA MASK BABY

G狂にとってはお馴染み、オクラホマのレジェンド、Playya 1000 のソロデビューアルバム。プロデューサーとしても有名で、Ghetto Kaos（⇨P.008）、Big Bur-Na といったマニアの愛聴盤を制作した重要人物だ。背景がビル群ではなく、田舎風景のジャケ違いバージョンもある。

PARENTAL ADVISORY EXPLICIT CONTENT

FACE IT
CONTAINS HIT SINGLE
PARTY PARLAY

CASSETTE FILES #113

FACE II FACE

"Face It"

(Face II Face Records Inc.)

Year: 1998
Area: Arlington Heights, IL
Number of Tracks: 17
Rarity: ★★★★☆

イリノイのTwanとMista Ampによるデュオ、Face II Faceのデビューアルバム。Mista Ampはソロでも精力的に活動しており、入手困難なCDを数枚リリースしている。レイドバックした曲が多く聴きやすい作品だ。

CASSETTE FILES #114

I.S.P.

"Watch 'N Me"

(Stallion Records)

Year: 1992
Area: Decatur, IL
Number of Tracks: 7
Rarity: ★★★☆☆

LIL' RICKY DA MASK BABY

ディケーターのグループ I.S.P. のEP カセット。バットや杖を片手に、ディッキーズの上下を着こなすギャングスタファッションがかっこいい。40oz を注いでいるのは、亡くなった仲間への弔いだろうか。

I.S.P.

WATCH 'N ME

D. T. E.

CITY SCENE b/w WE HAVEN'T FORGOTTEN

CASSETTE FILES #115

D.T.E. (DEFFER THAN EVER)
"City Scene b/w We Haven't Forgotten"
(M.D.I. Records)

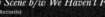

Year: 1993
Area: Denver, CO
Number of Tracks: 2
Rarity: ★★★★☆

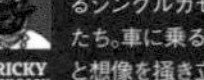
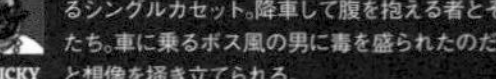
LIL' RICKY
DA MASK BABY

デンバーの詳細不明グループ、D.T.E. (Deffer Than Ever) によるシングルカセット。降車して腹を抱える者とそれを心配する者たち。車に乗るボス風の男に毒を盛られたのだろうか。いろいろと想像を掻き立てられる。

CASSETTE FILES #116

NICÉE QUIKK

"Nic'ees' Trickki"
(Miracle Records)

Year: 1992
Area: Los Angeles, CA
Number of Tracks: 5
Rarity: ★★★☆☆

BIG-K

小股がキュッとキレ上がったシャロン姉さんによる92年作。エナメルブーツの足元にはツルピカブリーフのオヤGが現ナマを差し出しながら「お姉さま、もっと踏んでください」と懇願するのも納得の、イケイケなラップから甘茶メローな歌声まで幅広く聞かせてくれる一本。

CASSETTE FILES #117

FACES OF DEATH

“Comin to Getcha!”

(Bedroom Records)

Year: 1993

Area: Fayetteville , SC

Number of Tracks: 5

Rarity: ★★★★☆

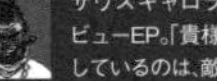

LIL' RICKY
DA MASK BABY

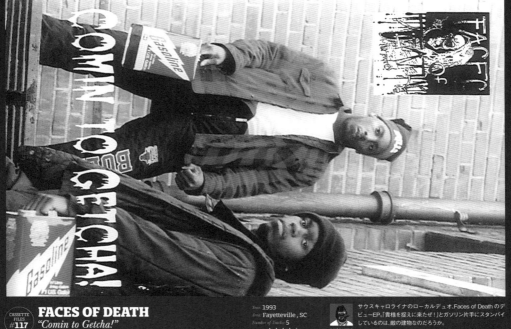

サウスキャロライナのローカルデュオ、Faces of Death のデビューEP。「貴様を捉えに来たぜ！」とガソリン片手にスタンバイしているのは、敵の建物なのだろうか。

CASSETTE FILES #118

GANGSTER CREW POSSE SYNDICATE

"Are You Down with Me Nigga"

(Gangster Crew Records)

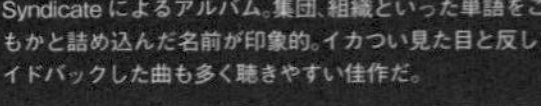

Year: 1993
Area: East Spencer, OK
Number of Tracks: 13
Rarity: ★★★☆☆

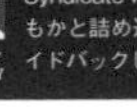

LIL' RICKY DA MASK BABY

オクラホマのイカついギャング集団、Gangster Crew Posse Syndicate によるアルバム。集団、組織といった単語をこれでもかと詰め込んだ名前が印象的。イカつい見た目と反して、レイドバックした曲も多く聴きやすい佳作だ。

CASSETTE FILES #119

EIGHTBALL & MJG

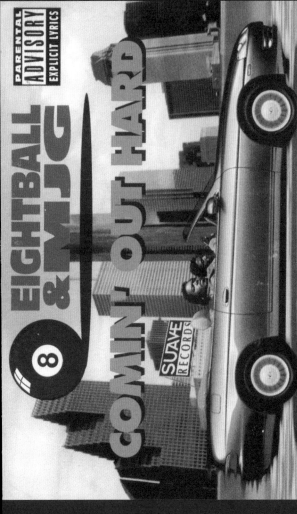

"Comin' Out Hard"

(Suave House)

Year: 1993
Area: Memphis, TN
Number of Tracks: 9
Rarity: ★★☆☆☆

BIG-K

ファット＆スキニーなコンビ代表格、テネシー州はメムフィスを代表するOG ラッパーコンビ、Eightball & MJG の93 年作。ドヤ顔で鼻の穴おっぴろげでこっちをにらみつける太っちょG の8Ball。こちらのG-Ball も縮み上がる。

CASSETTE FILES #120

THE LONG BEACH NNK

“Dead Azz Niggaz”

(Bumper Boy Records)

Year: 1994
Area: Long Beach, CA
Number of Tracks: 2
Rarity: ★★★★☆

LIL' RICKY DA MASK BABY

ロングビーチの詳細不明グループ。書体やレイアウトなど、何気無いデザインがかっこいい。著者は未所持だが、もう1作出ていて、そちらは藁人形を持った教祖風の男と、ハンマー片手のピエロ集団が写っているド変態ジャケ。今回紹介できないのがとても残念だ。

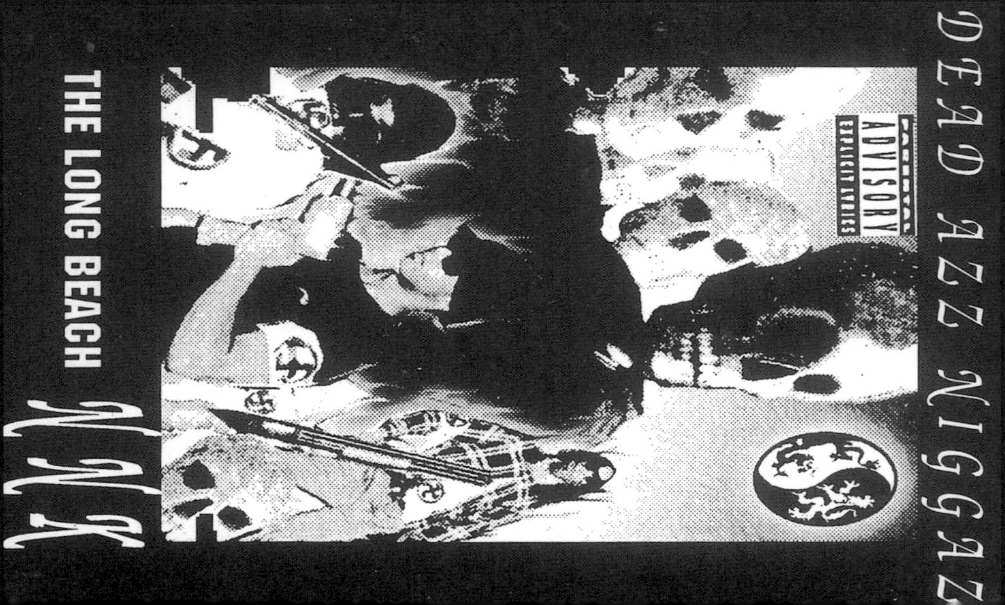

DEAD AZZ NIGGAZ

PARENTAL ADVISORY EXPLICIT LYRICS

THE LONG BEACH NNK

I THOUGHT U KNEW

Critical Condition

CASSETTE FILES #121

CRITICAL CONDITION

"I Thought U Knew"

(Starvin Artists Entertainment)

Year: 1995
Area: Morgan City, LA
Number of Tracks: 6
Rarity: ★★★★★

LIL' RICKY
DA MASK BABY

モーガンシティの３人組、Critical Condition のEP。No Limit の敏腕プロデューサー、Mo B. Dick も楽曲を提供している。紫で統一されたジャケに合わせ、カセットのボディも紫のオシャレな作りになっている。

CASSETTE FILES #122

TRIPLE TREY

“333”

(Triple Trey Records)

Year: 1995
Area: New Orleans, LA
Number of Tracks: 4
Rarity: ★★★★☆

LIL' RICKY
DA MASK BABY

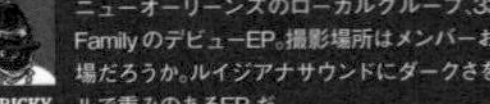

ニューオーリーンズのローカルグループ、333 ことTriple Trey Familyのデビュー EP。撮影場所はメンバーお気に入りの溜まり場だろうか。ルイジアナサウンドにダークさを強めにしたスタイルで重みのあるEP だ。

CASSETTE FILES #123

TRINITY GARDEN CARTEL

"The Ghetto My Hood"

(Cartel Records)

Year: 1992
Area: Houston, TX
Number of Tracks: 12
Rarity: ★★★☆☆

LIL' RICKY
DA MASK BABY

ヒューストンの一大勢力、Trinity Garden Cartelのデビュー作。警察ヘリから逃走している躍動感溢れるジャケ。意図しているのかは不明だが、2作目は逮捕されているシーン、3作目は法廷から立ち去るシーンのジャケと連作のようになっている。

CASSETTE FILES #124

SAN QUINN

"Dont Cross Me"

(Buck Fifty Records)

Year: 1993
Area: Oakland, CA
Number of Tracks: 21
Rarity: ★★★★★

LIL' RICKY DA MASK BABY

ベイエリアの重鎮として多くのCDをリリースしてきたSan Quinnのデビューアルバム。CDで再発されているが、オリジナルはカセットオンリー。デビューから現在まで、休むことなくリリースを続けているベイレジェンドの第一歩がこの作品だ。

3-DEEP

SUCKER FREE

E.P.

CASSETTE FILES #125

3-DEEP

"Sucker Free"

(From The Floor Up Records)

Year: 1994
Area: San Francisco, CA
Number of Tracks: 6
Rarity: ★★☆☆☆

GONZOSTA T

サンフランシスコのベイエリアから登場のチンコロビヤッチ3人組のデビューテープ。悪趣味というか大胆かつ強烈な絵ジャケに腰が引け買い損ねたG狂も多いと聞くが、なんとなんと中味はムチャクチャメロ〜なラップでおやGは胸キュンでございます♡

CASSETTE FILES #126

SOCIETIEZ CREATION

“Hell on Earth”

(Mackin’ Mobb Records)

Year 1996
Area Richmond, CA
Number of Tracks 11
Rarity ★★★☆☆

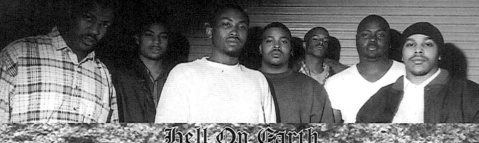

リッチモンドのクリスチャン・ラップ集団、Societiez Creationのアルバムカセット。クリスチャン・ラップなので、ワルさや危険さはないが、ラップのスキルは一級品。女性ボーカル、雷、ピーヒャラ音が鳴り響く"Family Thang"は必聴。

Hell On Earth
Societiez Creation
Featuring: The Boss Cru • Gauge Loc

CASSETTE FILES #127

PERFECT STRANGERS

"Dilemma"

(Broken Shackles Productions)

Year: 1998
Area: San Diego, CA
Number of Tracks: 5
Rarity: ★★★★☆

LIL' RICKY DA MASK BABY

サンディエゴの詳細不明グループ、Perfect Strangersによるアルバムカセット。ホラー映画のテーマや、哀愁漂うピアノを使用したダークな曲調に、写真中央の女性シンガーのコーラスが絡むドラマティックな内容の作品となっている。

CASSETTE FILES #128

MILLION DOLLAR DREAM

“Million Dollar Dream”

(Million Dollar Dream)

Year: 1996
Area: San Francisco, CA
Number of Tracks: 16
Rarity: ★★★★★

LIL' RICKY DA MASK BABY

サンフランシスコのラッパー達によるコンピレーションシリーズ、Million Dollar Dream の初期作。後発版のジャケはフルカラー、フルCG で賑やかだが、手製感溢れるこちらのジャケも趣があって良い。

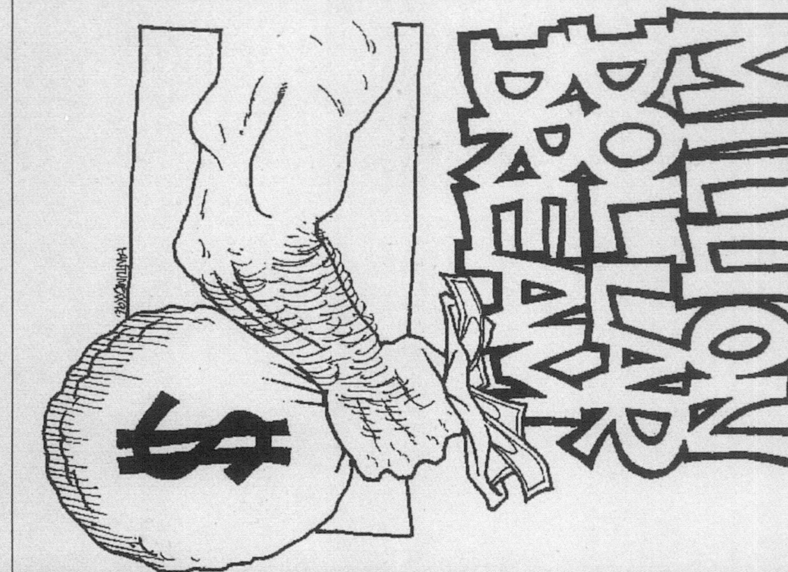

SEFF THA GAFFLA, SHAY SHAY, W.C.R.S.,
MASTA STEELE, RASTA, DOUBLE D,
DRE'MAN, AFRICAN IDENTITY,
THE NEW PRODUCT, ANDRE, D-LAW, ROME

RAW $OCIETY
"Tears of a Man"
(Deadly Impact Records)

Year: 1997
Area: St. Louis, MO
Number of Tracks: 4
Rarity: ★★★★☆

LIL' RICKY
DA MASK BABY

良質なミュージックとリリースの稀少さで、G狂の注目を集めてやまないセントルイスの重鎮、Raw $ociety のシングルカセット。こちらはEP でカセット版なので比較的手に入れやすいが、アルバムCD 等はオークションで常に高値を付けられている。

CASSETTE FILES #130

DEVIOUS

"Obituary"

(B-N-E Recordz)

Year: 1994

Area: Lansing , MI

Number of Tracks: 6

Rarity: ★★★★★

LIL' RICKY
DA MASK BABY

ランシングの謎のソロアーティスト、Devious のデビューEP。ドクロ、死神、無数の墓石、そして訃報というタイトル…死にまつわるものづくしのジャケとなっている。ダークなビートにドスの効いたダミ声ラップが病みつきになる隠れた名作。

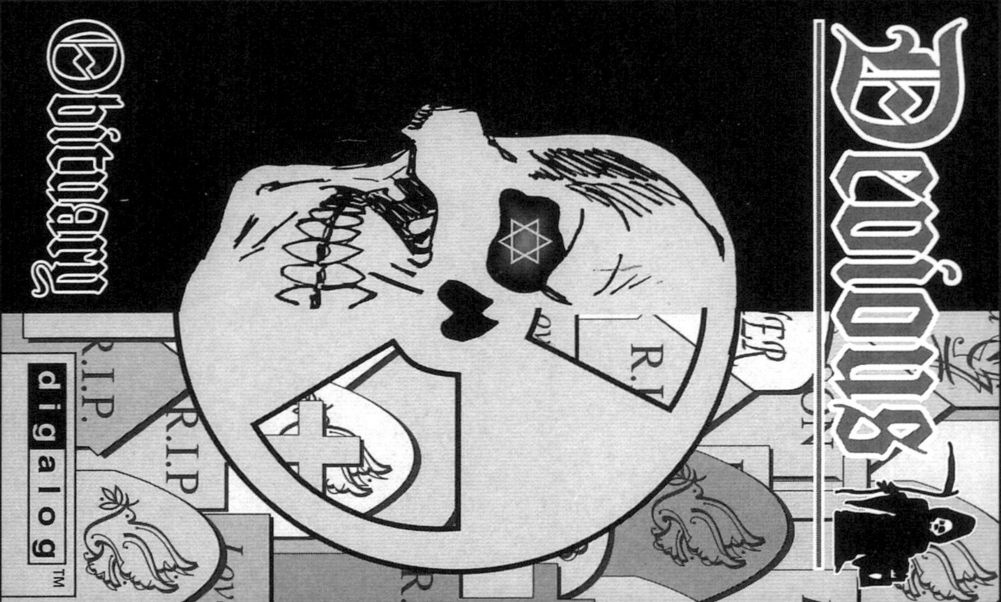

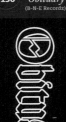

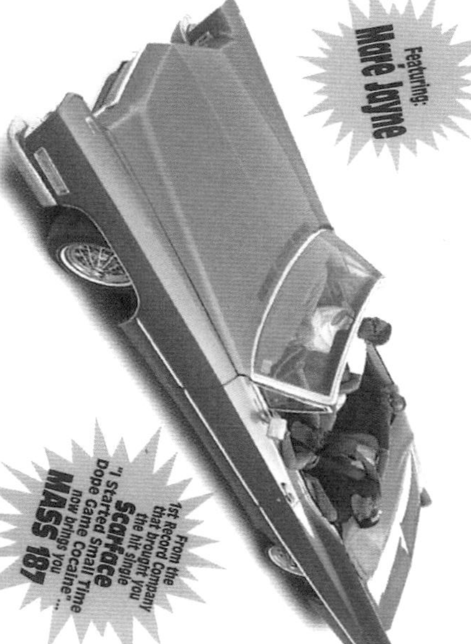

MASS 187
Featuring:
Maré Jayne
From the
1st Record Company
that brought you
the hit single
Scarface
"I Started Small Time
Dope Game Cocaine"...
now brings you
MASS 187
Real Trues
Paying Dues

MASS 187

"Real Trues Paying Dues"
(Short Stop Records)

Year: 1995
Area: Kansas City, MO
Number of Tracks: 13
Rarity: ★★★☆☆

LIL' RICKY
DA MASK BABY

KCMO のグループ、Mass 187 の1st アルバム。ヒューストン出身のメンバーもいるためか、レーベルの所在地はヒューストン。ジャケも同Pen & Pixel が担当。ペンピクでは珍しい白バックのシンプルスタイルだか、これもまた良い。

CASSETTE FILES #132

M.C. WILL
"Crack Lady"
(Bulldog Records)

Year: 1995
Area: Houston, TX
Number of Tracks: 2
Rarity: ★★★★★

BIG-K

テキサスはヒューストンのラッパーM.C. Willによる、逃れられないゲトーの現実をまっすぐ見つめる子供の視点を哀愁たっぷりにラップった1本。

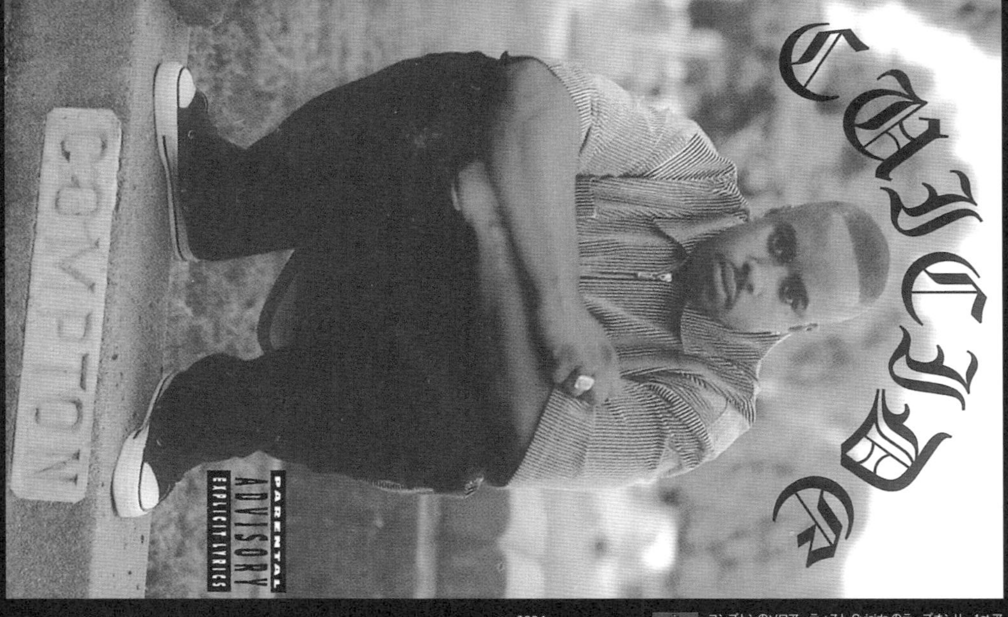

CASSETTE FILES #133

CUICIDE
"Cuicide"
(Evejim Records)

Year: 1994
Area: Compton, CA
Number of Tracks: 15
Rarity: ★★★★☆

コンプトンのソロアーティスト、Cuicide のテープオンリー1st アルバム。過酷な環境で育ち自殺を試みた経験から、このアーティスト名になったとのこと。ウェストコーストG-Funk 全盛の勢いをそのまま注ぎ込んだような佳作。

LIL' RICKY DA MASK BABY

CASSETTE FILES #134

NBG (NEW BREED OF GANGSTAZ)

"Richmond the City that Killz"

(Infinity Records)

Year: 1995
Area: Richmond, CA
Number of Tracks: 13
Rarity: ★★★☆☆

LIL' RICKY
DA MASK BABY

El Kaye などが所属しているリッチモンドのグループ、NBG (New Breed of Gangstaz)による1st アルバム。Chilee Powdahと同じレーベルに所属。恐ろしいマスクを付けマシンガンをこちらに向けるジャケが印象的。

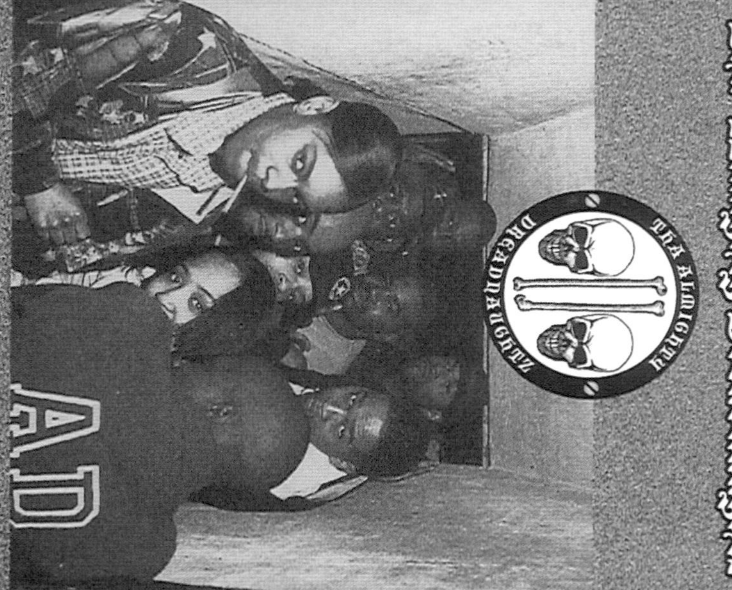

Tha' Almighty Dreadnaughtz
THA ALMIGHTY
DREADNAUGHTZ
AD
CITY OF TREES

CASSETTE FILES #135

THA ALMIGHTY DREADNAUGHTZ

"City of Trees"
(Almighty Dreadnaughtz)

Year 1997
Area Detroit , MI
Number of Tracks 13
Rarity ★★★★☆

LIL' RICKY
DA MASK BABY

デトロイトのアングララップ集団、Tha Almighty Dreadnaughtzによるデビューアルバム。後にStones ThrowからリリースするGuilty Simpsonや女ラッパーD'Phuzionなどの実力派が揃っている。

CASSETTE FILES #136

TRIGGA HAPPY RECORDS

"Da Trigga Gotz No Heart!"
(Trigga Happy Records)

Year: 1994
Area: San Francisco, CA
Number of Tracks: 17
Rarity: ★★★★☆

LIL' RICKY
DA MASK BABY

西海岸のプロデューサーLes-G が所属しているレーベル、Trigga Happy Records によるコンピレーションカセット。一見可愛く見えるキャラだが、銃を片手にオープンカーを乗り回す様は狂気。Les-G 関連のCD を持っている人は、誰もが記憶に残っているロゴだ。

CASSETTE FILES #137

CLUBHOUSE PRODUCTIONS

"Clubhouse Soundtracks"

(Clubhouse Productions)

Year: 1993
Area: Nashville, TN
Number of Tracks: 9
Rarity: ★★★★★

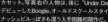

LIL' RICKY DA MASK BABY

ナッシュビルのグループ、Clubhouse Production のアルバムカセット。写真右の人物は、後に "Under Da Influenz" で全国デビューしたBoogie。オールドスクールスタイルの中に、どこかナッシュビルっぽさも漂う入手困難初期作だ。

CASSETTE FILES #138

GORGEOUS DRE

"The Big Pimp"

(Executive Entertainment)

Year: 1996
Area: San Francisco, CA
Number of Tracks: 4
Rarity: ★★★★★

GONZOSTA T

荒くれG男が幅を利かすGの世界だが、一方お洒落を決め込むスマートG男も居るのである。香水の匂い漂わせ白いスーツで潤んだ瞳を投げかけるのはシスコに腰を据えて活動するイケ面G男だ。腕ぷしはいかにも弱そうだが甘い言葉でナオンを操るのは得意中の得意そう。

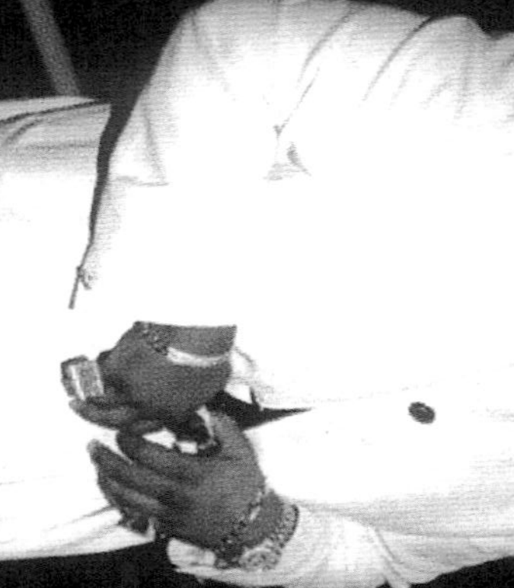

CASSETTE FILES #139

ALL HATERS BEWARE

"Bay Area Compilation"

(CTI Records)

Year: 1996
Area: San Jose , CA
Number of Tracks: 18
Rarity: ★★★★☆

LIL' RICKY
DA MASK BABY

G-Pack、Assassin、Aggravated Assault、L.O.C. などサノーゼ周辺のローカルラッパーが集結したコンピレーションカセット。全盛期といってもいい年代の作品ということもあり、アルバム通して良い曲が多い佳作だ。

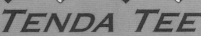

CASSETTE FILES #140

TENDA TEE
"Take the H-E"
(Egghead Records)

Year: 1991
Area: St. Louis, MO
Number of Tracks: 10
Rarity: ★★★☆☆

GONZOSTA T

ピンクにハートのキュートなデザイン♡心がふんわりする諸兄も多いだ
う。ところがどっこい！２枚の写真を眺めればガウンの前をはだけるビッ
が半裸で鉄砲抱いてたり…このテープがそんな生易しい代物でないの
分かるだろう。ヘナチョコ男はチン棒へし折られぬよう注意せよ！

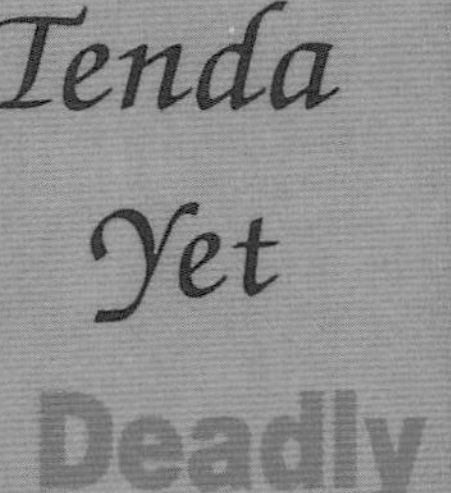

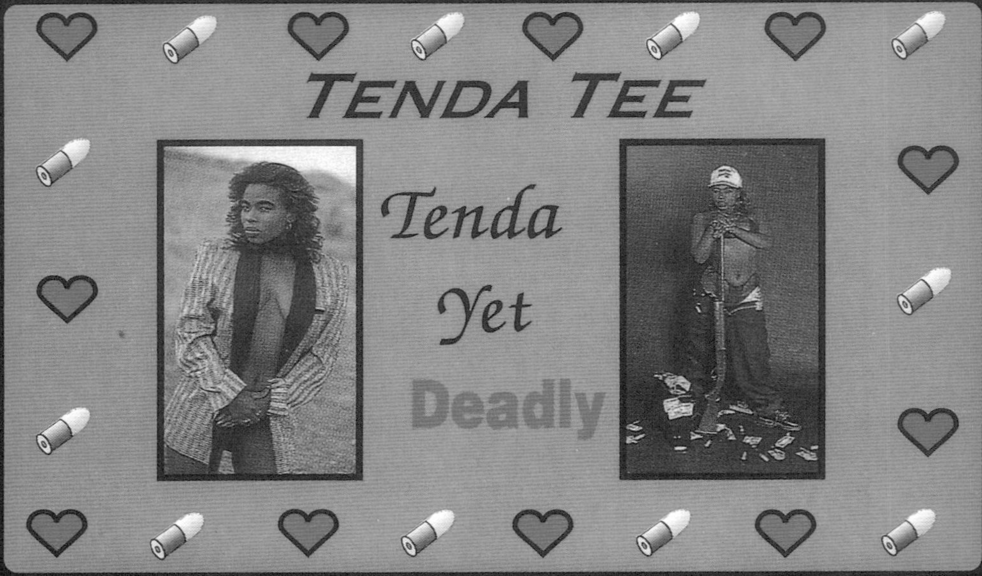

CASSETTE FILES #141

DOOMSDAY PRODUCTIONS

"This is for the Hoes / Black Market"

(Black Market/Cin Sity)

Year: 1994
Area: Las Vegas, NV
Number of Tracks: 2
Rarity: ★★☆☆☆

BIG-K

エログロホラーラップを代表するカジノシティラスベガスはDoomsday Productions のファーストシングル。裸の美女2人をテーブルに寝そべらせたジャケットはオッパイ派、ケツ派のどちらも満足させるサービス精神満点。

SKREWFACE
"My Shadow"
(Faceless Records)

Year: 1995
Area: Pontiac, MI
Number of Tracks: 9
Rarity: ★★★☆☆

ポンティアックのソロアーティスト、Skrewface のデビューEP。馬の体、人の頭蓋骨、鷲のような鋭い爪の生えた手…夢に出てきそうな謎の妖怪イラストが不気味なジャケット。

SKREWFACE
DA EP
MY SHADOW

CASSETTE FILES #143

D 2 THA S (Dedicated to tha Streets)

"Doomsday"

(Under Cover Productions)

Year: 1994
Area: Chicago, IL
Number of Tracks: 4
Rarity: ★★★☆☆

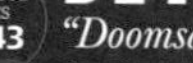

LIL' RICKY
DA MASK BABY

Twista やDo Or Die などシカゴの有名アーティスト達をアングラ時代からプロデュースしてきた重鎮、Traxster とKay-Tone によるラップユニット。プロデューサーとしての輝かしいキャリアが目立つTraxster だが、ラップの能力もかなり高いことがこの作品を聴けばわかる。

CASSETTE FILES #144

MC DICE & THE EVERLOADED POSSE

"MC Dice & the Everloaded Posse"

(Mugz Records)

Year: 1993
Area: New Orleans , LA
Number of Tracks: 7
Rarity: ★★★★★

LIL' RICKY DA MASK BABY

ニューオーリンズのアングラレーベル、Mugz Records からリリースされたMC Dice のデビュー作。アーティスト名のトレードマークであるダイスやハッパなど、G の日常に欠かせないアイテムが描かれたイラストジャケ。

CASSETTE FILES #146

MC DICE

"Down for My Crown"
(Mugz Records)

Year: 1995
Area: New Orleans, LA
Number of Tracks: 17
Rarity: ★★★☆☆

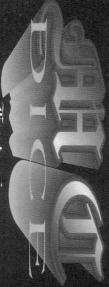

前作EP から２年を経て出した記念すべき1st アルバム。自身のトレードマークであるダイスに乗りライブを披露するジャケはPen & Pixel が担当。

CASSETTE FILES #146

O.G. RIFF
"Shit Happens"
(O.G.Riff)

Year: 1992
Area: Kansas City, MO
Number of Tracks: 5
Rarity: ★★★★☆

LIL' RICKY DA MASK BABY

カンザスのソロアーティスト、O.G. Riff のデビューEP。カンザスのグループPharmacyやコンビ50 MC'sで楽曲を提供するなど裏方としても活躍した。ギャング映画やMVでよく見かけるDrive-By（走行中の銃撃）を行う手前の男がO.G. Riff だ。

THE UNKNOWN MC & U SAY O "G"

CASSETTE FILES #147

THE UNKNOWN MC & U SAY O "G"

"The Unknown MC & U Say O "G""

(Sapphire Productions)

Year: 1990
Area: Seattle, WA
Number of Tracks: 4
Rarity: ★★★★☆

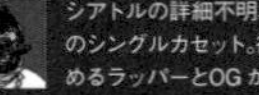

シアトルの詳細不明ユニット、The Unknown MC & U Say OGのシングルカセット。街を見渡せる丘に高級車を止めポーズを決めるラッパーとOGがなんとも絵になる。バラを持ってるのもオシャレ。

CASSETTE FILES #148

FM BLUE

"Oakland Styles"

(Cellblock Productions)

Year: 1993
Area: Oakland, CA
Number of Tracks: 7
Rarity: ★★★★☆

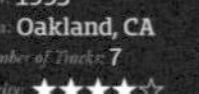

LIL' RICKY
DA MASK BABY

オークランドのレジェンドグループ、Dangerous Crewと関係の深いFM Blueがリリースしたテープオンリーアルバム。描き込まれたグラフィティアートがかっこいい。

CASSETTE FILES #149

DOOMSDAY PRODUCTIONS

"Northtown vs. Westside Compilation"

(Cin Sity Records)

Year: 1998
Area: Las Vegas, NV
Number of Tracks: 14
Rarity: ★★☆☆☆

GONZOSTA T

覆面から覗く殺気を孕んだ鋭い眼光！ 気の弱いおやGなら小便チビるだろう。ネヴァダ州の砂漠地帯に築かれた巨大都市ラスヴェガスを舞台にG活動するG男とビッチを集めて制作されたコンピテープ。全編にロックギターがサク裂!6分にも及ぶ本番F**Kが挿入されているというヤバい一本!!

CASSETTE FILES
#150

CIRCLE CITY

"Volume 1"

(Run Up Records)

Year: 1998
Area: Indianapolis, IN
Number of Tracks: 15
Rarity: ★★★★★

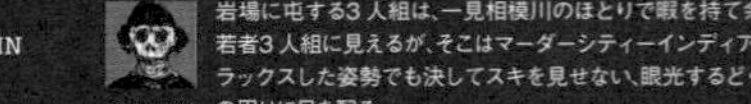

BIG-K

岩場に屯する3人組は、一見相模川のほとりで暇を持て余した若者3人組に見えるが、そこはマーダーシティーインディアナ、リラックスした姿勢でも決してスキを見せない、眼光するどく自分の周りに目を配る。

EXECUTIVE PRODUCER
PARENTAL ADVISORY EXPLICIT LYRICS
THE COMPILATION ALBUM

CASSETTE FILES #151

EXECUTIVE PRODUCER
"The Compilation Album"
(Deadly Impact Records)

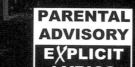

Year: 1998
Area: St. Louis, MO
Number of Tracks: 00
Rarity: ★★★★☆

LIL' RICKY
DA MASK BABY

マニアから人気のセントルイスのアングラレーベル、Deadly Impact Records からリリースされたコンピレーション。レーベルの主Raw Society が製作指揮官となってまとめられた作品。幻覚を見ているかのように歪んだジャケから、只者ではないことが伝わってくる。

CASSETTE FILES #152

JAY MTHR FKN B

"Since 1985 Time 2 Get Mine"

(Simpy Raw Records)

Year: 1995
Area: Waukegan, IL
Number of Tracks: 7
Rarity: ★★★☆☆

LIL' RICKY DA MASK BABY

ウォキーガン出身の詳細不明アーティスト、Jay MTHR FKN B。ジャケ写は陽気なパーティ男の卒アル写真といった感じだが、内容は至って正統な王道G-Funk。

CASSETTE FILES #153

DEAD ON ARRIVAL

"Problem Child"

(Deep Thought Production)

Year: 1993
Area: Flint, MI
Number of Tracks: 6
Rarity: ★★★★★

LIL' RICKY DA MASK BABY

フリントのラップデュオ、Dead On Arrival（D.O.A.）の激レアデビュー作。デトロイトといえばDayton Family も有名だがD.O.A. という曲で、思いっきり名指しディスされている。バチバチなディスり合いを楽しむのもG ラップの醍醐味なのだ。

CASSETTE FILES #154

DOOBIE SMOOV

“Dream of Death”

(Graveyard Records)

Year: 1996
Area: Alexandria, LA
Number of Tracks: 8
Rarity: ★★★★☆

LIL' RICKY
DA MASK BABY

Gラップ狂の教科書「Murder Dog」誌の小さな記事に何度も名前が登場していて、ずっと心の片隅で気になっていたラッパーDoobie Smoovの2作目。デビュー作も出ているが超幻レベルにレア。いつかは手に入れたいお宝アイテムだ。

Doobie Smoov

dream of death

PARENTAL
ADVISORY
EXPLICIT LYRICS

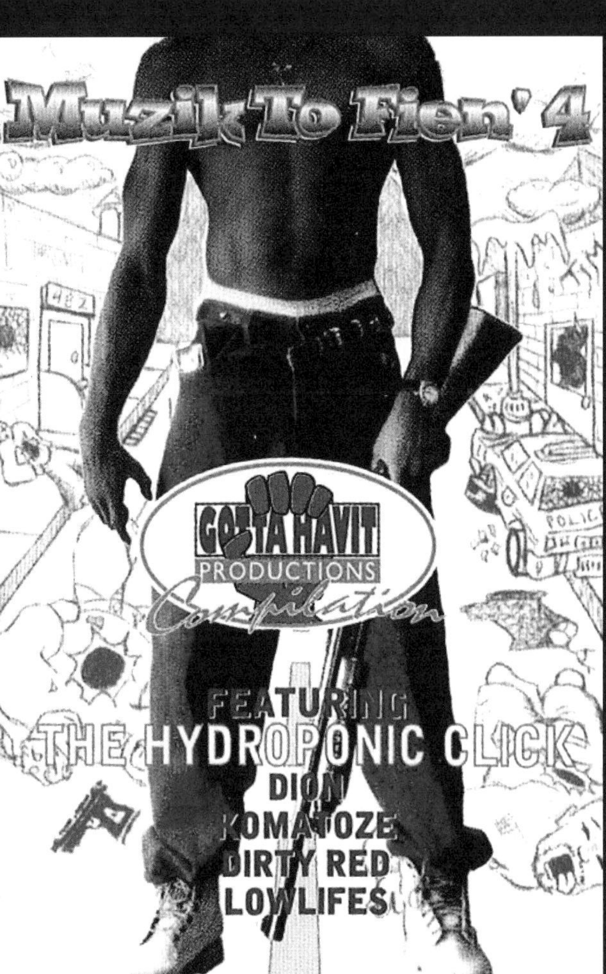

Muzik To Fien' 4

GOTTA HAVIT PRODUCTIONS
Compilation

FEATURING
THE HYDROPONIC CLICK
DION
KOMATOZE
DIRTY RED
LOWLIFES

CASSETTE FILES #155

THE HYDROPONIC CLICK

"Muzik to Fien' 4"

(Gotta Havit Productions)

Year: 1994
Area: Ypsilanti, MI
Number of Tracks: 11
Rarity: ★★★★★

LIL' RICKY
DA MASK BABY

イプシランティのマイナーアーティストを集めたコンピレーションアルバム。一見、服屋のカタログのようなジャケだが、よく見ると無惨な街の様子がかわいいタッチのイラストで描かれている。

CASSETTE FILES #156

K-MAXX

"Sumthin' Ta Roll Wit"

(Arielle Records)

Year: 1994
Area: San Francisco, CA
Number of Tracks: 6
Rarity: ★★★★☆

LIL' RICKY DA MASK BABY

ベイエリアのラッパー兼プロデューサー、K-Maxxのデビュー EP。ラップの他にもソウル、ファンク、エレクトリックなど幅広い分野の才能を持っており、2000年以降に正統派ミュージシャンとして成功している。

CASSETTE FILES #157

L.C. (LETHAL CONCEPTIONS)
"The Point of No Return"
(Do Or Die Records)

Year: 1993
Area: Houston, TX
Number of Tracks: 13
Rarity: ★★★★★

LIL' RICKY DA MASK BABY

フォートワース出身、LaRoyce、LaFoxx、Fante によるグループLethal Conceptions のデビュー作。Choc-Lit-Sit-E のメンバーであるDJ Flex が所属していたPimp Playa Hustlasと同じレーベルから出ている。

CASSETTE FILES #158

MONEY SHAWN

"Sincerely Yours"

(Defftouch Productions)

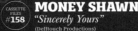

Year 1996
Area Indianapolis, IN
Number of Tracks 6
Rarity ★★★★★

BIG-K

いなたいジャケットからは想像出来ないインディアナGによるほっこりメローラップの連発は、これぞマイナーG発掘作業の醍醐味。女性ボーカルが絡みつく "One Night Stand" を聞くとその優さにムズムズ悶てしまう。

Off Tha Corna

WARNING:
EXPLICIT
LYRICS

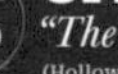

CASSETTE FILES #159

OFF THA CORNA

"The Killing is Real"

(Hollow Point Records)

Year: 1992
Area: Baton Rouge , LA
Number of Tracks: 6
Rarity: ★★★★★

Snake Eyez、Dirty Redらのルイジアナの渋いメンバーによって結成されたグループ、Off Tha Cornaによるデビュー EP。マフィア映画のワンシーンのような殺人現場ジャケ。

CASSETTE FILES #160

S.R.C (SMOOTH RHYME CRIMINALS)

"Stuck Between the Styles"

(Suave Records)

Year: 1991
Area: Houston, TX
Number of Tracks: 5
Rarity: ★★★★★

LIL' RICKY DA MASK BABY

Eightball & MJG、South Circle などのヒットで一躍メジャーレーベルの仲間入りをしたSuave House Records の記念すべき1作目のレアカセット。レーベル社長のTony Draper もT-Money 名義でラップ参加している。

PARENTAL DISCRETION ADVISED

S R C
SMOOTH RHYME CRIMINALS

"STUCK BETWEEN THE STYLES"

おやGが愛するカセットテープ PART.1

ウエスト産のさっぱり味も乙ですが
サウス産も濃厚味でよろしいな

ふカズ → カセット

星の数ほどあるGラップカセットの中からジャケット良し！中味も股良し！でおやG心を掴んで離さない逸品をチョイスした。尚、今回はオリジナル版ではないから価値がないなどというバカな評価でなく、ストレートに良いものは良いのだ！という独自の視点で選んでみたことを断っておく。(GONZO)

『死の匂いのするジャケット』

①
TEN WANTED MEN
WANTED:
DEAD OR ALIVE
Produced by Tommy Wright III

②

G男の日常は命がけが当たり前。儲けの分け前争いで殺られたり、女の取り合いで殺られたり、地盤の攻防で殺られたりとあの世へ旅立つ輩が後を絶たない。そんなわけだから「棺桶ジャケ」も少なくない。そんな中でも双璧なのがこの2本。①はメンフィスGラップの貴公子トミーライトⅢ世が絡んでいて、死人役はトミー自身という噂もありセンスが光る。②は呆然と棺桶の側に佇む2人のG男。仲間が組の抗争に巻き込まれて射殺でもされたのだろうか、寒々と凍てつく空気がヒシヒシと感じられて、これまたG界の苛酷な日常を映し出すビジュアルも美事だ。

『ヘタうまジャケット』

ヘタうま先生のオレが思わず「クソ!!負けたか!!」と叫んだヘタうま超えのイラストジャケが③④だ。画家の名前は不明だが、恐らく多少は絵心のあるメンバーのひとりが描いたものと思われる。左右逆転したデザイン違いの赤版と青版がある。テープマニヤは両方並べて涙したいところだろう。青版に入ってる南メムフィスラップ風味たっぷりの"Body Bag"は格別にチンポ玉乱ぞ。

「コレ、ゴンゾさんが描いたんやろ!?」と言われることの多い⑤「いやいやオレじゃないよ」と答えてもなかなか信じてもらえない(笑)。G男がビッチをナンパしておるのか、ビッチのボッコリ張り出した尻とG男が股間の逸物を抱えているようにも見える(笑)影絵になかなかの画力を感じる。文字要素を一切排したデザインも美事だ!

⑥「ウワッ!!何だコレ!!」ヘタうまも負けそうな稚拙なタッチのイラストから立ち上るモワ〜とした妖しい香りがマニヤの鼻孔を擽るぞ。血の色レッドのテープから流れ出したのは男だか女だか大人だか子供だか解らない?オレの大好物の変声ラッパーだ!!表も中身も丸ごと変態チックなこのカセットはマニヤの哀しい性を弄ぶのだよ。嬉ちいことこの上なし♡

『エロジャケ』

G男はみんなエロいビッチが大好き♡当然エロジャケも数多く出回っているが、ここにご紹介の2本がその双璧だ!!⑦はG男の助平な眼差しとパイオツを抱える嫌らしい手。それにも増して圧巻なのはビッチが美女でなくおジさん顔のおバさんなのが憎いぜベイビーだ(笑)。

一方⑧は、桃色のTバックがお股にクイっと喰い込むエロビヤッ〜チのそそり尻に股間が騒ぐぜ。そっと横から手を添えさんわり愛撫するG男の手に全世界のパンティフェチ諸兄は生唾ゴックン!ヨダレを垂らして悶絶間違いなしだろ。エロジャケの王様だ!!

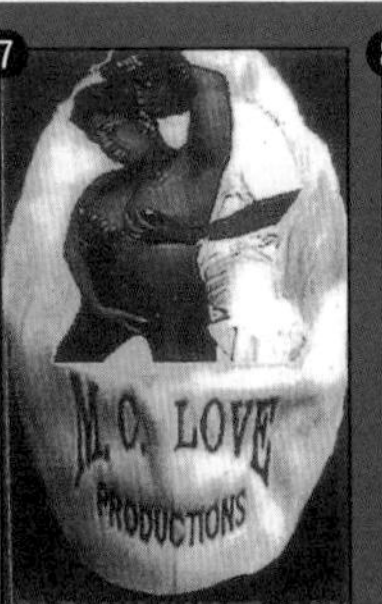

『現代アート顔負けジャケット』

⑨オレが贔屓にしている南メムフィスGラップシーンの黒幕Mr.SCHEが渾身の力を振り絞って制作した Gカセットのビジュアルが股なんとも案ん晴らしい!! あまりに案ん晴らしいので中身も全部見せることにした。隅々までとっくりと眺め回しておくんなさい。イラストは御大自身が描かれたようだが、現代アートも顔負けの見事な筆づかいに思わず目を見張る‼センスの良いG男は何をやっても様になるものだ。

IMMORTAL LOW LIFES
THE BLACK FORTRESS
SIDE 1
1. Lowtroduction I
2. Low, Life, and Crime
3. How We Playas Play
4. Living So Low II
SIDE 2
1. Wakin To A Blunt
2. Creepin So Low
3. Mysterious Ways
4. Enter The Fortress: Levels I and II
0 1540-97041-4 5
LOW LIFES
THE BLACK FORTRESS
PARENTAL ADVISORY EXPLICIT LYRICS
SCHE
U.W. 551
L.L.REC

"Last thanks to Lil (McKenzie) and everyone who participated in this Low-Life shit"

Official Fan Club:
Send your souls to Hell. NO LETTERS! and we'll holla atcha. What's up to all my Niggas

『ドカ弁カセット』

全世界のGラップ狂が崇め奉った『マーダードッグ』誌が喉自慢〜腕自慢〜チン棒自慢のG男たちを南部各地から呼び集めて作ったカセット2本を束ねたドカ弁カセット！！もう1個は西の各地から黒幕レスGに呼ばれて集結したのど自慢〜腕自慢〜チン棒自慢のG男たちが競うカセット3本束ねたドカ弁カセット！！どっちも開けるのがもったいなくてシールド保管でインテリアの置物にしているのだ。

69

CONTINUES TO PART2 P.170

COLUMN BY GONZOSTA-T

RAY LUV

おやGが愛す[る]カセットテープ PART.2

好きなGラッパーは誰？と聞かれたら、すかさ[ず]答えるのが北オークランドに位置するバレーホ地区で活動するRay Luv様だ。身体がデカくて[ス]ボーとした顔つきがちょっと何考えてるんだか分かんないところがミステリアスで良い！なんといっても"Last Nite"が最高でおやG心を胸キュンさせてくれるのだ。気怠いラップに妖しく絡む[ナ]ナオンのハスキーな唄声がさんわり股間を愛撫する。おやGはたまらずソファでしのび泣くのだ。

▲Last Niteは10本超保有也。

▲ジャケのデザインも番号も同じ！ タイトルだけが違うというこれはレアだろ。

◀お仲間のこちらもおやG悶絶の1本!

◀レイラ[イ]がBig Edd[ie]、Spaghetti[と]名乗って[3]人組で活[動]していた[時]のお宝[カ]セット!チ[ー]プな紙ジ[ャ]ケが玉乱！

DA MASK FAMILY PRESENTS...

TAPE MANIA®

DMF

MIXTAPE SERIES

COMING SOON!!

DMF INC.®
DA MASK FAMILY INCORPORATED

PIRANHA™
SOLDIERZ

G・ラップジャケットを

本書の説明文でも度々登場している「Pen & Pixel Graphics」と「Phunky-Ph
見開き左ページが「Pen&Pixel」、右ページが「Phunky-Phat」による作品のごく一部。彼らへの絶大

創り続けた2大企業

ph-X」。G・ラップジャケを語る上で、無視することのできないデザイン企業の代表格だ。
ペクトを込めつつ、其々のスタイルの特徴や、ちょっとした歴史について、次ページで解説したいと思う。

ギャングスタラップの盛り上がりに呼応するように繁栄していった2社

90年代初頭、ギャングスタラップが本格的に盛り上がりはじめると同時に、「Pen＆Pixel（以下：ペンピク）」はテキサス州ヒューストン、「Phunky-Phat（以下：ファンキーファット）」はカリフォルニア州オークランドを拠点とし活動を開始した。ペンピクはヒューストンのRap-A-Lot Records、ファンキーファットはE-40やSan Quinn、そして南部の出身だが当時は西海岸で活動していたMaster PのNo Limit Recordsといった、それぞれのローカルアーティストたちと仕事をこなし、徐々にその勢力を伸ばしていった。その勢いはとどまることを知らず、90年代後半になると、西海岸のインディペンデントアーティストの多くがファンキーファットに、テキサス州をはじめとする南部のアーティストの多くがペンピクに依頼するようになっていた。著者は90年代後半からギャングスタラップに興味を持ったのだが、当時本屋に並んでいたラップ系雑誌に載っているリリース広告の多くがこの2社によるもので、その斬新でかっこいいヴィジュアルやアイデアにワクワクしていた。

2社のデザインの特徴

ペンピクの特徴といえば、やはり"インパクト"である。金ピカダイヤモンドのド派手なテキスト、まるで映画の特撮スタジオに放り込まれたかのような背景や、擬人化された動物やガイコツが登場する奇抜なアイデア…。一度でも目にしたら、ずっと脳内にこびり付くような強烈なインパクトが最大の売りではないだろうか。よく、ペンピク＝金ピカダイヤモンドと捉われがちだが、90年代前半の作品には、そういった表現が殆ど登場していないことはご存知だろうか。テキストは抑えめなものが多いが、背景やコンセプトに重点を置くことで、インパクトを作り出すスタイルとなっており、その時代の作品も非常に魅力的である。

一方、ファンキーファットの特徴は、加工を用いずともビシッとキマる写真や、考え込まれたテキスト・ロゴ、といった徹底的な"作り込み"であろう。そしてもう一つの大きな特徴はイラストである。（⇨P.052、P.112、P.285等を参照）。ギャングスタの世界にマッチした鮮やかな色使いや大胆な構図は、多くのGマニア達を魅了してきたのではないだろうか。ペンピクのような派手さはないものの、抜群にかっこいい写真、書体、イラストなど、こちらも頭の中に残り続けるものばかりである。

E-40やMaster Pといった大物アーティストは、両社にデザインを依頼しており、それぞれが創り出すグラフィック世界を見比べてみるのもいいだろう。

No Limit Recordsという大きな存在

2社の歴史において無視できない存在がMaster Pを筆頭としたNo Limit Recordsである。先ほどでも述べたが90年代初頭、南部ルイジアナ出身のMaster Pはカリフォルニアに拠点を移し、西海岸のラッパーたちとも手を組み精力的に活動していた。そのため、デザインもカリフォルニアのファンキーファットに全面的に依頼していた。その後、No Limitに所属していたルイジアナ出身のアーティスト、Tre-8が仲違いを起こし脱退。Tre-8が、南部を中心に活動を広げていたペンピクにジャケットを依頼したことから、それがMaster Pの目に留まり、今度はペンピクがNo Limitのデザインを全面的に担当するようになったのであった。その頃に、例の"金ピカダイヤモンド表現"も確立され、Ca$h Money Recordsといったレーベルにもその表現が受け継がれていったのである。既に地元周辺のエリアでは有名であった両社も、No Limitのデザインを担当することがきっかけとなり、全国区になったといえるのではないだろうか。

9.11を期に徐々に衰退を始めるG・ラップデザイン

ド派手な表現が絶頂を迎えていた2000年代初頭、G・ラップジャケにとって大きな転機ともいえる事件が起こってしまう。9.11のアメリカ同時多発テロである。それ以降、こうしたド派手で浮かれた表現を大っぴらにしづらい風潮になり、そういったジャケットも徐々に姿を消すようになってしまう。著者自身もその変化は身をもって感じており、2000年代中盤以降は個性のないジャケが溢れだし、G・ラップ自体への興味も徐々に失われていってしまった。「あの頃はよかったなぁ…」と懐古する厄介なラップファンの仲間入りをしてしまうのであった。

近年に見られる"一筋の希望"

そうして衰退していってしまったG・ラップデザインも、最近では僅かながら再燃する気配も見せている。近年、一線級で活躍しているラッパーが、ペンピク風デザインのT－シャツを着たり、ペンピクにジャケを依頼したりしているのである。勝手な推測だが、多感な幼少期に、彼らの親族やご近所さんが聴いていたG・ラップと触れ合っていたからではないだろうか。ファッションのトレンドのように循環しているだけなのかもしれないが、あの頃の楽しさが徐々にでも戻ってくるのであれば、それほど嬉しいことはない。

Text/Lil' Ricky

COLUMN BY

BIG-K

"DA MELLOW BOXES"

厚揚げ、食パン、羊羹、板チョコ、四角い食べ物には目がない私。音楽も最近主流のサブスクよりも、よだれやわき汗が出ちゃうのはCDやレコードなんかのナマモノ。様々なフォーマットの中でも最も好きなのは、中までしっかり四角いカセットテープ。CDよりもコンパクト。音はチープだけど、レコードのようにアナログ感のある音。MDなんてのもあったけど、薄っぺらくて貧弱な感じがどうにもいけ好かない。

カセットテープの何がいいって、まず形。横長で厚みの有る四角いフォルムがなんともたまらない。頬に当ててみたり、そっと股間に挟んでみたりその上、再生すると、ボディに空いた2つの穴がクルクル回る姿がこれまた愛嬌があって大変よろしい。

プレイヤーによっては、ゆっくりと穴が回転して、音を流す姿がプレイヤーの小窓から覗けるのも、ちょっと艶めかしさを感じてドキドキする。

そんな四角いあの子に会いに、地元の行きつけのあそこへ。足を運ぶたびにアメリカ中から集められた現地直送の天然物で溢れかえっている。

むせかえるような匂いで溢れた部屋で、店主のおすすめに耳を傾け、正面から、上から後ろから、中身までじっくりと眺めて、厳選した1本を連れて帰る。帰りの電車でもホクホク顔で眺める時間が至福の時間。Money Shawn "Sincerely Yours" 手に入れた時には駅から家までも歩きながら眺めて帰り、電柱に衝突、テープを地面に落とし、咽び泣く。

ピラニアソルジャーズに草鞋を脱いだ者の宿命、テープハントの旅はまだまだ続く。いつの日かこの厳しい戦いを終え、安息の日が来ることを祈る。

テープマニヤ列伝 其の1

“タクシー運転手の密かな愉しみ”

タクシー運転手Nさん(45歳)の場合

俺の知ってるタクシー運転手のNさん(45歳)は「丸いのはイヤ!四角くなくちゃダメ!」という頑固なテープマニヤだ。Nさんは都内にあるデザイン学校を卒業後、デザイン会社に就職してデザイナーを目指していたが、大の車好きが高じてタクシー運転手に転職したという経歴の持ち主だ。モヒカン刈りのNさんは独身で見かけも強面なので、その筋の人に良く間違われるそうだ。毎日決まって大型のラジカセを車に持ち込み仕事に出るという。お気に入りのGテープをガンガン鳴らして走っていると、やな顔をする客もいるけど、うっとり聴き惚れるお姐ちゃんもいるぜと笑う。夜のネオン街には毒気を孕んだGラップがバッチリ決まるという。

そんなNさんの自慢のGテープは未開封で保有する『四角いビッグバーナ』だそうだ。BIG BUR-NAはアメリカのオクラホマをホームグラウンドに暗躍する巨体のGラッパーだ。最初にして最後のお皿となった"Daze of Bur-Na"は世界中のG皿マニヤが血眼で探しまわっているノド手皿だ。特にテープはレア度が高くNさんが鼻の穴をおっぴろげてふんぞり返るのも良く解る。では、何故Nさんは封を開けずに『四角いビッグバーナ』を保有しているのだろう?将来中古市場での値上がりを楽しみにじっと辛抱しているのだろうか?それともただ単に勿体なくて封が開けられない意気地なしだからなのか?そしてまたNさんは一体このテープをどこで手に入れたのだろうか?Nさんはへらへらと笑って誤魔化すばかりで、いつまでたっても謎は解けない。一説にはビッグバーナ本人がお忍びで来日した際、たまたま乗ったタクシーがNさんのものだったというのがある。そのときチップ代わりに貰ったのがこのテープだったという本当のようで嘘みたいな説である。夢があっていい話だと思うがどうだろう?

Nさんにテープマニヤとしての熱い想いを訊いてみたところ、自分が住んでる安アパートの部屋でこれまで集めたテープを床一面に敷き詰めて、その上を素っ裸でゴロゴロ転げ回りたいそうだ。それってテープマニヤというより、テープフェチの類いじゃないのか?

そういえば、昨今ラジカセの人気が若者の間で再燃しているという。テープマニヤにとっては嬉しい現象だ。テープの音は♬チャカチャカ♬カチャカチャと質は悪いが暖か味が感じられる。あえてテープの形態で発売するアーティストも居るという。手のひらにすっぽり収まるコンパクトなサイズと値段が安いというお手頃感が受けるのかもしれない。Nさんは以前、気に入った彼女に交際を申し込み、自分で編集した特製Gテープをプレゼントしたが、手描きのジャケットがダサかったのか?中味がイケてなかったのか?彼女の気を引くことなくあえなく振られてしまったそうだ。ラジカセブームが巻き起こっている今がチャンス!再度マイテープを作って新しい恋に挑戦してみたらいかがだろう。

つい先頃、Nさんの近況を風の便りで知った。タクシーの運転手を辞めて亀戸近辺でスナックを始めたらしいのだ。元々料理が得意だったNさんだから、男の手料理なんていうのを店の看板にしているのかもしれない。当然、BGMはラジカセから流れるGラップだろう。暇になったら一度訪ねてみたいものだ。(GONZO記)

BIG BUR-NA "The Daze of Bur-Na"→

CASSETTE FILES #161

GOLDIE

"Four + One"

(Mobb-N-Bob Records)

Year: 1995
Area: Houston, TX
Number of Tracks: 7
Rarity: ★★★★☆

LIL' RICKY DA MASK BABY

テキサスのソロアーティストGoldie のEP カセット。海外ドラマのポスターでありそうな天国と地獄ジャケ。平穏な日常とムショ暮らしは紙一重、というコンセプトなのだろうか。デザインはPen&Pixel が制作。

CONGLOMERATTI

“A Midwess Compilation”

(Double F.O.D. Productionz)

Year 2000
Area Tulsa, OK
Number of Tracks 10
Rarity ★★★★★

竜巻と雷雨で有名な小さな街 タルサオクラホマのG達が集った激レアコンピレーション。Big Bur-Na, 9-Milla, Snypaなどオクラホマラップ狂ならピンとくる名前を連ねており、内容もその名声通り素晴らしいものになっている。究極のコレクターアイテムだ。

A Midwess Compilation

CONGLOMERATTI

PARENTAL ADVISORY EXPLICIT LYRICS

Tha Outfit
O.G.O.G.
Big Bur-Na
9-Milla
Y.N.C.

Starring: Motarr - Snypa(Da Kriminal) - Byrd
Duke Doom - Crown Royal - Eboni - DollaBill
Big Bur-Na - 9-Milla - Trey Loc - Grimm Reaper
Dynamite KaBoom - and Duke

R Rawnchy

CASSETTE FILES #163

MR COOP

"Poisonous Game"

(Fulton Entertainment)

Year: 1997
Area: Lubbock, TX
Number of Tracks: 14
Rarity: ★★★☆☆

BIG-K

夕焼けをバックにゲットーモノポリーに興じるGたちを横目に、ひざまずくビヤーッチの視線を感じているのか両手を広げ、自分の大きさを誇示する様はまるで求愛活動。南部テキサスGながら、ジャケット・デザインはベイエリアを拠点に活動するPhanky Phat Graph-Xというのもなかなかセンスがよろしい。

CASSETTE FILES #164

8 BALL and ORGANIZED RHYME
"Listen to the Lyrics"
(On The Strength Records)

Year: 1991
Area: Orange Mound, TN
Number of Tracks: 2
Rarity: ★★★☆☆

LIL' RICKY
DA MASK BABY

90年代の洋ラップ好きならお馴染み8Ball &MJG のデビュー作。ブレークする前なので着てる服が質素だが、この後にリリースするアルバムが大ヒットしてスター街道に。メンフィスサウンドのパイオニアであるDJ Zirk も裏方として参加している。

LISTEN TO
THE LYRICS

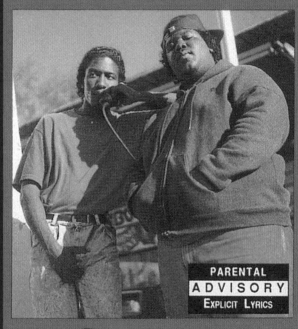

PARENTAL
ADVISORY
EXPLICIT LYRICS

8 Ball
AND ORGANIZED RHYME
On The Strength Records

CASSETTE FILES #165

O.C.C.

"Diary of A Killer Cop"

(Def Sounds Records)

Year 1994

Area Flint, MI

Number of Tracks 20

Rarity ★★★☆☆

LIL' RICKY DA MASK BABY

危険地区フリントミシガンの覆面警官ラップ集団、O.C.C.。表の顔は警官、裏ではギャングスタラッパーという漫画のような経歴は設定ではなさそう。ジャケに登場する写真や名前などは、実際にマーカーで黒塗りされている。他にあまり例を見ない問題作だ。

CASSETTE FILES #166

MR. BRUNO

"Castalia Underground Stuck in 89"

(Destiny Records)

Year: unknown
Area: Memphis, TN
Number of Tracks: 8
Rarity: ★★★★★

LIL' RICKY DA MASK BABY

メンフィスのドマイナーグループCastalia Posseのメンバー、Mr. Brunoのソロアルバム。詳細があまりわからずリリース年も不明だが、90年代中頃ではないかと推測する。こういう誰も知らないような謎の作品が埋もれているので、カセットの世界は奥深い。

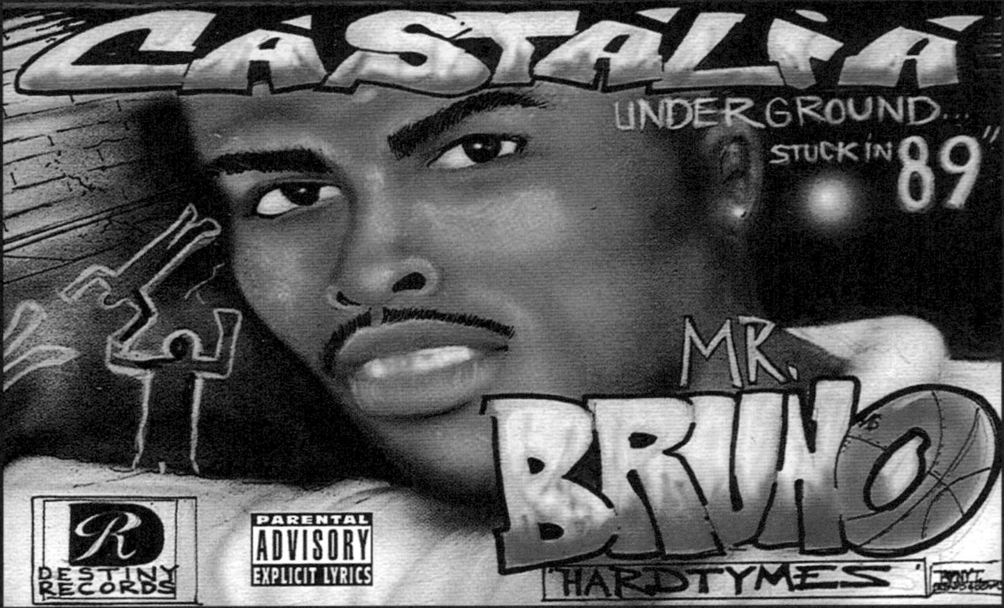

CASSETTE FILES #167

BRU-SKEE & THE D.S.C. POSSE

"N - Yo Neighborhood"

(Boss Records)

Year: 1992
Area: Stafford , TX
Number of Tracks: 8
Rarity: ★★★★★

LIL' RICKY DA MASK BABY

スタッフォードのラップ集団、Bru-Skee and The DSC Posse のデビューアルバム。猫を抱えたボス風の男がBru-Skee なのだろうか。周りに立つ白衣の男達は薬品を製造し、それを中央のビジネスマンが各所に売りさばいていく…と色々妄想を掻き立てられるナイスなジャケだ。

CASSETTE FILES #168

RAW II SURVIVE

"West Syde Gz"
(Untouchable Records)

Year: 1994
Area: New Orleans, LA
Number of Tracks: 14
Rarity: ★★★★☆

LIL' RICKY DA MASK BABY

バット片手に車の上に乗る3人、両サイドに覆面男と運転手、一番奥に総指揮官（勝手な想像）…最初にネットでこのジャケを見たときに衝撃を受け、ようやく手に入れたルイジアナの激ヤバラップグループのデビュー作。デザインはベンピクが担当。

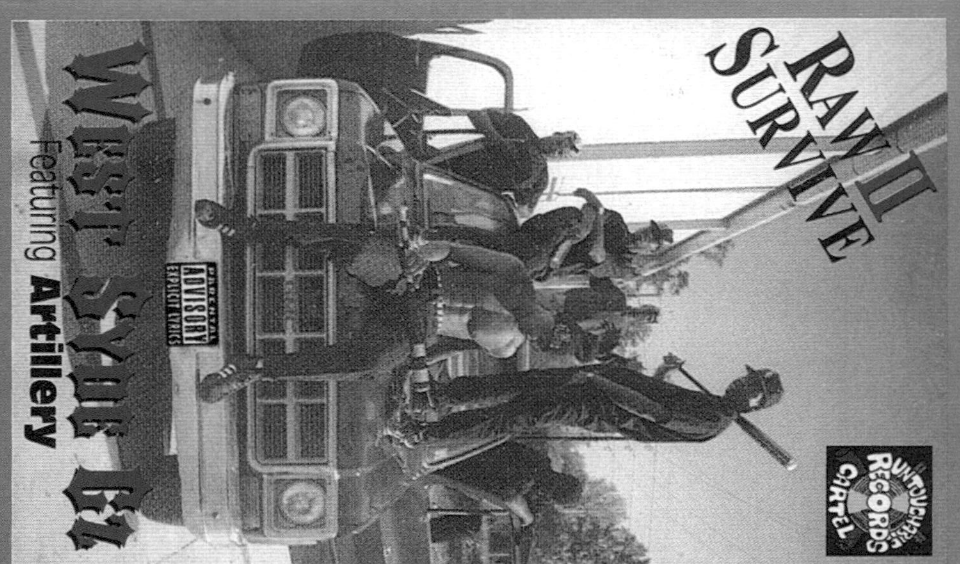

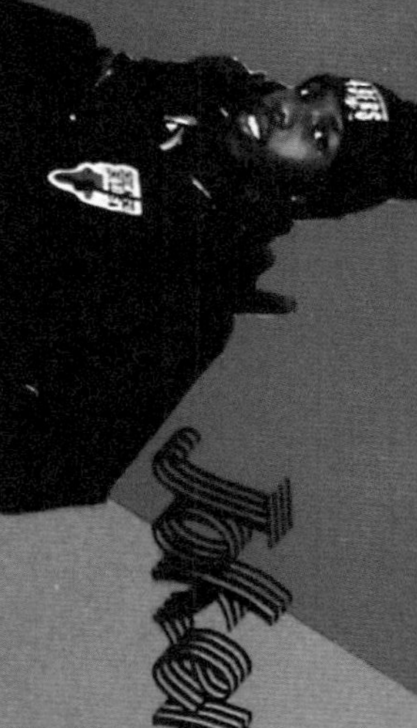

CASSETTE FILES #169

N.F.N.
"Nigga from Nap"
(Raptown Records)

Year: 1992
Area: Indianapolis, IN
Number of Tracks: 6
Rarity: ★★★★★

インディアナポリスのベテランラッパーKeylo G とJoker によるグループN.F.N. の激レアテープ。90 年代初頭はマイケルジョーダン全盛の時代なので、出身地などあまり関係なくシカゴブルズのロゴ入りの服を着ているラッパーをよく見かける。

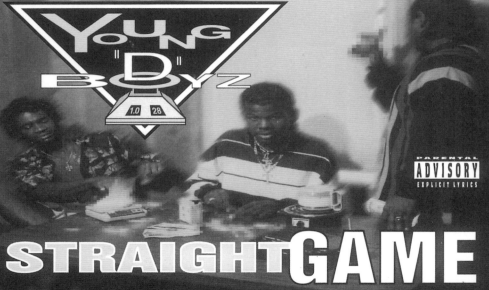

CASSETTE FILES #170

YOUNG "D" BOYZ

"Straight Game"

(River-T Records)

Year: 1995
Area: Vallejo, CA
Number of Tracks: 12
Rarity: ★★☆☆☆

GONZOSTA T

カリホルニアは北オークランドのヴァレーホ地区でこの地のGラップシーンを取り仕切る凄腕首領カイリー様の秘蔵子3人組が明日なきGライフをメロ〜にラップり"Sellin' Cocaine As Usual"で全国のおやGをむせび泣かせた。因みにこの曲のロングメロ〜MIXもあるからマニヤはそちらもゲットだぜ！

CASSETTE FILES #171

DA OMEN

"Da Omen"

(Da-Omen Productions)

Year: 1996
Area: Detroit , MI
Number of Tracks: 8
Rarity: ★★★★☆

LIL' RICKY
DA MASK BABY

不吉な予兆の象徴であるカラスのイラストロゴがトレードマークのグループ、Da Omenの1stアルバム。名前のイメージ通り、ダークでスローな曲調がめちゃくちゃかっこいい。隠れた名作といえる作品だ。

CASSETTE FILES #172

INSANE & D-MACK

"Lookin' fo the Dopeman"

(In It Fo Da Money Records)

Year: 1995
Area: Fresno, CA
Number of Tracks: 14
Rarity: ★★★★★

LIL' RICKY DA MASK BABY

カリフォルニアの危険地区フレズノ出身のデュオ、Insane & D-Mack の激レアファーストアルバム。この前年にマキシシングルも出しているがそちらも激レア。どギツい色使いのジャケは西海岸ラッパー御用達のPhunky Phat Graph-X が制作を担当。

HOLLYWOOD & ACE BOOM
"LET IT PLAY"

CASSETTE FILES #173

HOLLYWOOD & ACE BOOM

"Let It Play"

(Birthright Records, Inc.)

Year: 1995
Area: St. Louis, MO
Number of Tracks: 4
Rarity: ★★★★★

LIL' RICKY
DA MASK BABY

セントルイス出身の2人組、Hollywood & Ace Woodのレアシングルカセット。2人ともラップスキルがとても高く、早口ラップの掛け合いが聴き心地最高。タイトル曲Let It Playはオススメ。

CASSETTE FILES #174

PIMP DOGG

"Forever Loaded"

(Untouchable Records)

Year: 1994
Area: New Orleans, LA
Number of Tracks: 10
Rarity: ★★★★☆

LIL' RICKY DA MASK BABY

Raw II Survive（⇨P.184）の主要メンバーのソロデビュー作。この後に出した2作目「Who's That Aggin」ほどではないが、こちらもなかなかレア。ルイジアナ産の音源は、巨大台風カトリーナが起きた時に流されてしまい、入手困難になってしまったものが多い。

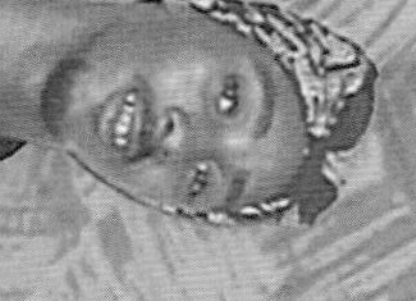

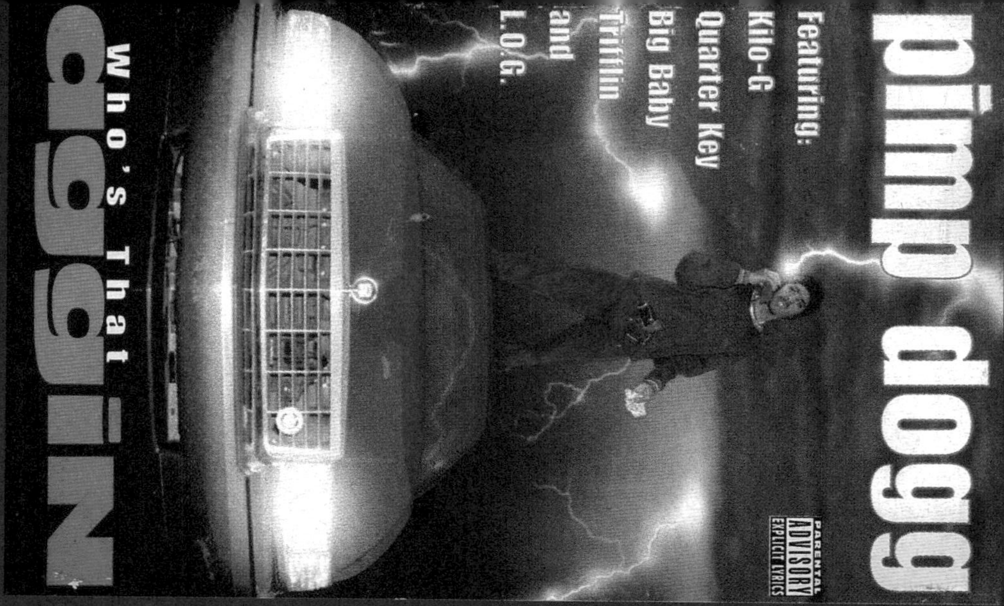

pimp dogg

Featuring:
Kilo-G
Quarter Key
Big Baby
Trifflin
and
L.O.G.

Who's That
aggiN

PIMP DOGG
"Who's that Aggin"
(Untouchable Records)

Year: 1996
Area: New Orleans, LA
Number of Tracks: 12
Rarity: ★★★★★

前ページのソロデビュー作に続く2作目。雷が鳴り止まない怪しい色の空、車の上で携帯と札束を持つ男に、これぞペンピクといったオーソドックスな書体がドーンと置かれたデザインがマニア心をくすぐる。

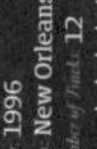

CASSETTE FILES #176

THE PHAT PAC
"Take A Ride in the Studio"
(Jus So Phat Records)

Year: 1996
Area: Indianapolis, IN
Number of Tracks: 16
Rarity: ★★★★★

BIG-K

常に死が隣り合わせハードなGの世界。その中で生きる面々が、その日々を一瞬でも忘れられるようスタジオで録音作業に明け暮れた記録的コンピレーション。トロトロに甘々に力強く歌い上げるLady Vybe姉さんに軟弱な輩共は尻尾を巻いて一目散だ。

NO

TRESPASSIN

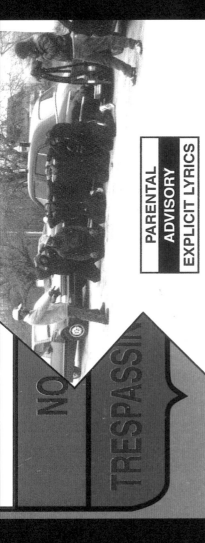

PARENTAL
ADVISORY
EXPLICIT LYRICS

B.O.D.K.

UNDER SURVEILLANCE

DIFFRENT KIND RECORDS

Federal

State

CASSETTE FILES #177

B.O.D.K.
"Under Surveillance"
(Diffrent Kind Records)

Year: 1993
Area: Flint, MI
Number of Tracks: 5
Rarity: ★★★☆☆

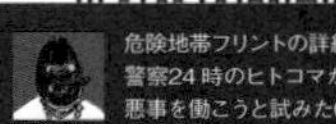

LIL' RICKY DA MASK BABY

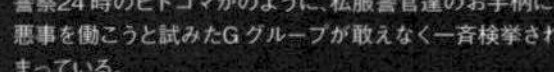

危険地帯フリントの詳細不明グループ、B.O.D.K. のEP カセット。警察24 時のヒトコマかのように、私服警官達のお手柄により、悪事を働こうと試みたG グループが敢えなく一斉検挙されてしまっている。

CASSETTE FILES #178

KILO G

"The Sleepwalker"

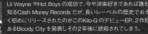

(Cash Money Records)

Year: 1992
Area: New Orleans, LA
Number of Tracks: 7
Rarity: ★★★★☆

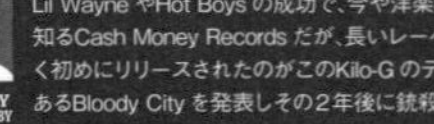

Lil Wayne やHot Boys の成功で、今や洋楽好きであれば誰もが知るCash Money Records だが、長いレーベルの歴史でおそらく初めにリリースされたのがこのKilo-G のデビューEP。2作目であるBloody City を発表しその2年後に銃殺されてしまう。

HILLS BOYS

"Just A Sample"

(Hills Boys)

Year: 1992
Area: Baton Rouge, LA
Number of Tracks: 4
Rarity: ★★★☆☆

バトンルージュの兄弟ユニット、Hills Boys のデビューシングル。上半身裸でバンダナを巻くスタイルはHot Boys を思い浮かべるが、そのはるか昔の92 年にやっていたのだから、彼らがそのスタイルのパイオニアなのかもしれない。

CASSETTE FILES #180

HILLS BOYS

“Death Row”

(Hills Boys)

Year: 1994
Area: Baton Rouge, LA
Number of Tracks: 9
Rarity: ★★★☆☆

LIL' RICKY DA MASK BABY

前ページのシングルデビューから2年を置いてリリースされたファーストアルバム。前作ジャケの上半身裸スタイルから一転、ビシっとスーツで決めているのは、親族か仲間の葬式だからなのだろうか。

MURDER IN THE FIRST DEGREE

Contains Explicit Lyrics

BYB

BAD YOUNG BROTHERS

CASSETTE FILES #181

BYB (BAD YOUNG BROTHERS)

“Murder in the First Degree”

(South Coast Records)

Year: 1991

Area: Alexandria, LA

Number of Tracks: 4

Rarity: ★★★★☆

アレクサンドリアのラップグループBYBのデビューEP。カーチェイスの末に負傷したためか、血だらけの男が警官に囲まれている。91年と古めの作品だが、それを感じさせない程かっこいい。メンバーのDJ UnrealはFadeと名義を変え何枚かCDを出している。

CASSETTE FILES #182

PIMPSTA

"Rollin' on Them Thangs"

(Rrush Records)

Year: 1994
Area: Dallas, TX
Number of Tracks: 4
Rarity: ★★★★☆

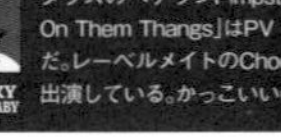
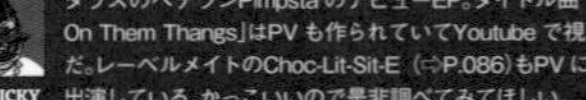

ダラスのベテランPimpstaのデビューEP。タイトル曲「Rollin On Them Thangs」はPVも作られていてYoutubeで視聴可能だ。レーベルメイトのChoc-Lit-Sit-E（⇨P.086）もPVにカメオ出演している。かっこいいので是非調べてみてほしい。

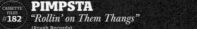

CASSETTE FILES #183

MOSS (Ministaz Of a Sinista Society)

"Erb-N-Reality"

(BlewBack Entertainment)

Year: 1995
Area: Flint, MI
Number of Tracks: 14
Rarity: ★★★★☆

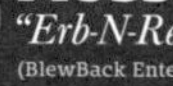
LIL' RICKY
DA MASK BABY

抗争で銃殺されたギャングだろうか…目を覆ってしまいたくなるようなショッキングな写真をそのままジャケにしたデビューアルバム。このジャケからは想像しにくいほど、内容は繊細で聴きやすい名作となっている。CDも出ていてこちらは超高額で取引されていた。

CASSETTE FILES #184

RAWLOW B

"Sick of Dis Shit"
(Low Key Productions)

Year: 1996
Area: Nashville, TN
Number of Tracks: 15
Rarity: ★★★★★

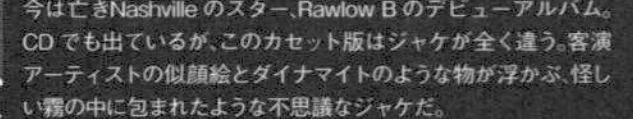

今は亡きNashville のスター、Rawlow B のデビューアルバム。CD でも出ているが、このカセット版はジャケが全く違う。客演アーティストの似顔絵とダイナマイトのような物が浮かぶ、怪しい霧の中に包まれたような不思議なジャケだ。

GANGSTA DRE

Featuring
Funk Central Artist
Young Jayda
Mr. K-Geeta & Mele-mel
Little Pigg
Mike Mayfield

GANG BANGING POETRY

PARENTAL ADVISORY EXPLICIT LYRICS

The Sequel

CASSETTE FILES #185

GANGSTA DRE

"Gang Banging Poetry: The Sequel"
(Funk Central Records)

Year: 1996
Area: Sacramento, CA.
Number of Tracks: 14
Rarity: ★★★★☆

GONZOSTA T

サクラメントを拠点に活動するこのG男は、ジャケのデザインにも相当こだわりを持っているようで、ご覧のジャケは事件現場の報道写真を思わせて背筋が凍りつく。同じ写真使用のアナザバージョンもあって、そちらは現場が真っ暗闇でGジャケマニヤは両方並べてニヤニヤしたいだろう。

CASSETTE FILES #186

D.J. NITE

"The Nite Stalker Vol.5"

(Nite Time Entertainment)

Year: 1995
Area: Nashville, TN
Number of Tracks: 16
Rarity: ★★★★★

LIL' RICKY DA MASK BABY

Gラップ狂が愛してやまないPlaya Gのレーベルメイト、Dj Niteが少量生産で密かにリリースしてきたミックステープシリーズ。当時流行りのメジャー曲に自分たちのオリジナル曲を挟み込んだセンス抜群の内容。全ボリューム制覇したい！

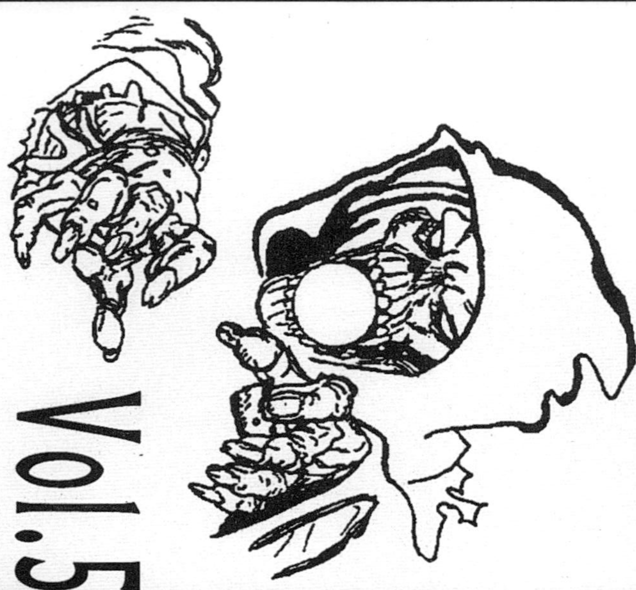

D. J. NITE
The Nite Stalker
Vol.5
Recorded at Nite Vision Studios 1995

CASSETTE FILES #187

CHICANO CONSPIRACY

"Bury Me with the Mic"

(Crazy Times Records)

Year: 1997
Area: San Jose, CA
Number of Tracks: 13
Rarity: ★★★★☆

LIL' RICKY DA MASK BABY

サンノゼカリフォルニアのチカーノデュオがリリースしたテープオンリー作品。「死んだらマイクと一緒に埋めてくれ」というタイトル通り、墓場からマイクを持った手が飛び出ているラップへの情熱を感じさせる絵ジャケだ。

03

CASSETTE FILES #188

BIG BEAR
"Doin Thangs"
(Tru Game Records)

Year: 1998
Area: Omaha, NE
Number of Tracks: 17
Rarity: ★★★☆☆

LIL' RICKY
DA MASK BABY

Pen & Pixel 製インパクトジャケを引っ提さげ、突如ラップ業界に乗り込んできたオマハの謎の男、Big Bear。人脈が広いのか、アルバムには全米各所のアーティストが参加している。この熊ジャケは本土でも反響が大きいらしく、Pen & Pixel の代表作の1つとなっている。

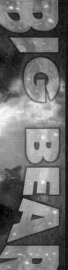

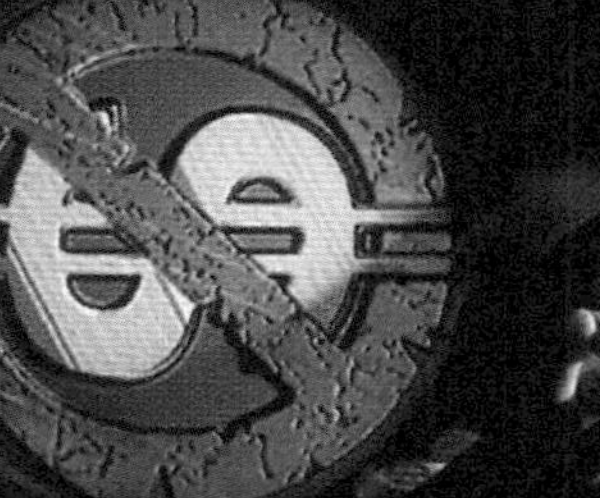

CASSETTE FILES #189

NO LOOT

"Borrowed Time Borrowed Money"
(Capital-T Entertainment)

Year: 1999
Area: Gary, IN
Number of Tracks: 13
Rarity: ★★★★☆

LIL' RICKY
DA MASK BABY

マイケルジャクソン誕生の地、インディアナの危険地域ゲーリー出身のグループ、No Loot のデビュー作。ダークな雰囲気の中、どこか哀愁漂う曲が多く、隠れた佳作と言いたい。後続作のジャケ画像を見つけることができたが、実際にリリースされたかは不明だ。

CASSETTE FILES #190

BIG JUNE

"Nigga"
(Repo Records)

Year: 1995
Area: San Diego, CA
Number of Tracks: 4
Rarity: ★★★★☆

BIG-K

サンディエゴGによる4曲入り。同郷を代表するBrotha Lynch Hungをフィーチュアーし聞かせる"Young Riders"のサンディエゴホラーよろしくの緊迫感はMC5（マジでちびっちゃう5秒前）墓場のヘタウマ絵ジャケも恐怖をより一層誘う1本。

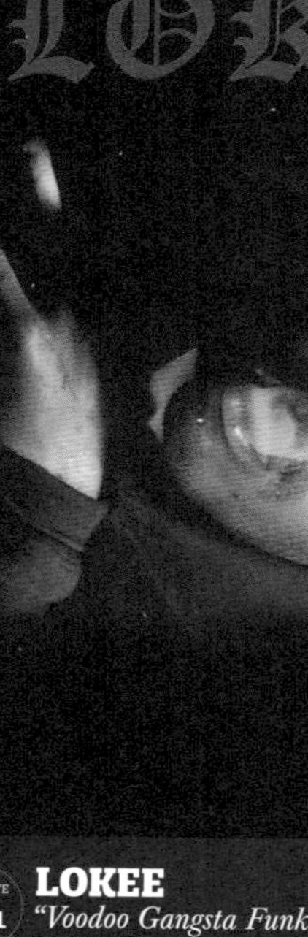

CASSETTE FILES #191

LOKEE
"Voodoo Gangsta Funk"
(Tombstone Records)

Year: 1996
Area: New Orleans, LA
Number of Tracks: 12
Rarity: ★★★☆☆

LIL' RICKY
DA MASK BABY

ニューオーリーンズのソロアーティスト、Lokee の2nd アルバム。目隠しをされ椅子に縛り付けられ、ブードゥー魔術により燃やされているのは敵か債務者か。高音ボイスと低音ボイスを使い分け呪文のように唱えるラップは見事。NOLA クラシック。

CASSETTE FILES #192

APG CREW

"See the Lights"

(Metro Sounds)

Year: 1998
Area: Oakland, CA
Number of Tracks: 12
Rarity: ★★☆☆☆

LIL' RICKY
DA MASK BABY

80年代からオークランドで活動していたベテラングループ、APG Crewの3作目。ナスカの地上絵の一つ「宇宙飛行士」が光り輝いている面白いジャケ。レイドバックした曲が多く聴きやすい作品になっている。

DOEZHA

PRESENTS TOP NOTCH COMPILATION ALBUM

Featuring:

L-MAC-N

BOOGEY MAN

FULL CLIP

916

BINKY

FREDDY DEAD

LOW-G

BIG WHEEL

POCKET PETE

TWON LOC

CRIMINAL AWOL

BIG T.C.

KING TUT

WARNING: EXPLICIT LYRICS

DOEZHA MAC-N PRODUCTIONS

CASSETTE FILES #193

DOEZHA
"Top Notch Compilation"
(Doezha Mac-N Production)

Year: 1995
Area: Omaha, NE
Number of Tracks: 13
Rarity: ★★★★★

DoezhaとL-Mac-Nコンビ、Doezha Mac-Nのデビュー作となるコンピレーションカセット。トラックメーカーL-Mac-Nの作るシリアスなギャングスタビートが全開。このコンビによってオマハGラップの歴史が切り開かれたと言っても過言ではない。

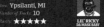

CASSETTE FILES #194

BLACK POET SOCIETY

"...Speaking from Within..."
(Rampage Records)

Year: 1994
Area: Ypsilanti, MI
Number of Tracks: 10
Rarity: ★★★★★

LIL' RICKY DA MASK BABY

イプシランティのグループ、Black Poet Society の激レアアルバム。ギャングスタではなくクリスチャンラップだと思われるが、スローでG-Funk な曲が全編に流れとても聴きやすい。暗闇から浮かぶ２人の表情や文字組みなどマニア心をくすぐるジャケ。

GANGSTA AT HEART

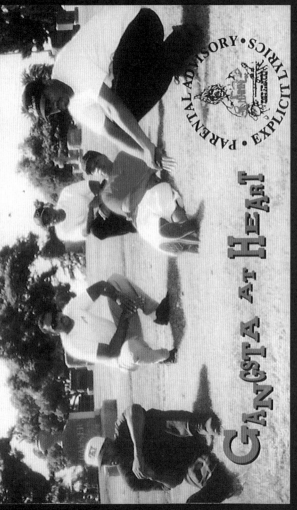

PARENTAL ADVISORY • EXPLICIT LYRICS

CASSETTE FILES #195

1ST AMENDMENT

"Gangsta at Heart"

(Low Down Records)

Year: 1992
Area: Inglewood, CA
Number of Tracks: 4
Rarity: ★★★★★

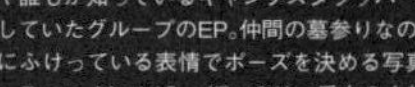

LIL' RICKY
DA MASK BABY

今や誰もが知っているギャングスタラッパー、Mack10 が所属していたグループのEP。仲間の墓参りなのだろうか、物想いにふけっている表情でポーズを決める写真が何気なくもかっこいい。Mack10 っぽいのは一番左の人物かな…？

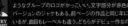

1st Amendment

"1st Amendment"

(Black Empire Records)

Year: 1992
Area: Inglewood, CA
Number of Tracks: 6
Rarity: ★★★★★

LIL' RICKY DA MASK BABY

前ページと同グループ、1st Amendment によるEP。鉛筆で書かれたようなグループのロゴがかっこいい。文字部分が赤色になっている別バージョンのジャケもある。前ページの作品と同じ年にリリースされているが、曲目もレーベルも違う。どちらがデビュー作なのかは不明。

CASSETTE FILES #197

S1

"No Justice No Peace"

(Touch Down Productions)

Year 1992
Area Houston, TX
Number of Tracks 10
Rarity ★★★★☆

BIG-K

荒れ果てた廃墟に1人佇むOran-G が眼光鋭くこちらを睨みつけ
る。しかし、目の奥底には、抗争の日々にすっかり疲れ切ったオヤ
G のこれからの世代に向ける優しさが見え隠れする。その姿に紳
士も淑女もキュンキュン。

CASSETTE FILES #198

YIPPI YO "007"

"Out tha Bounds"

(Mirage Records)

Year: 1995
Area: Memphis, TN
Number of Tracks: 6
Rarity: ★★★★★

LIL' RICKY
DA MASK BABY

メンフィスラップの詳細不明のアーティスト、Yippi Yo"007"。なんだか可愛らしい響きのアーティスト名だが、どういった由来で付けられたのだろうか。スローでレイドバックしたビートに、メンフィス特有の流れるようなフローが乗った聴き心地のいい1作。

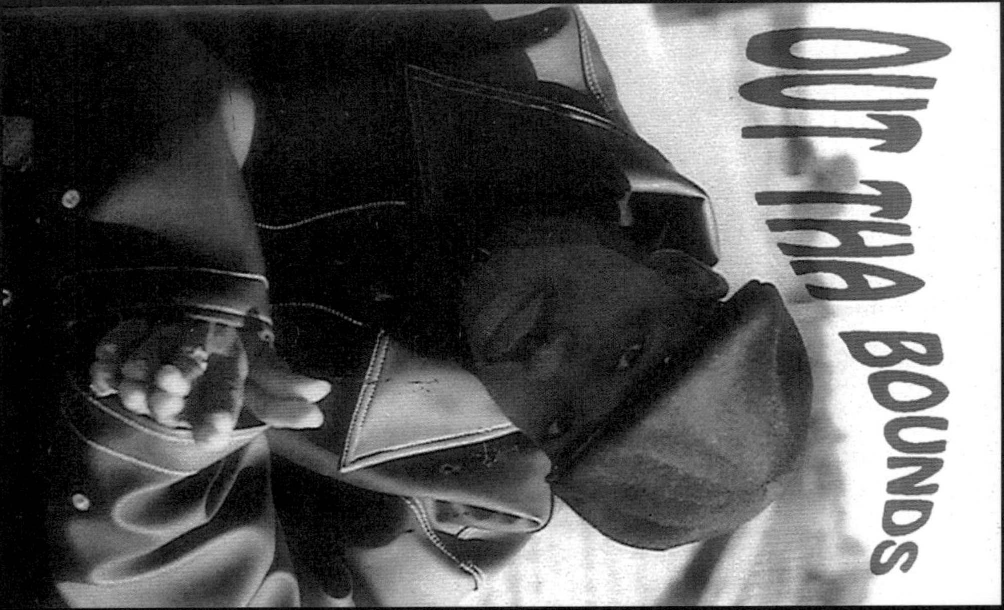

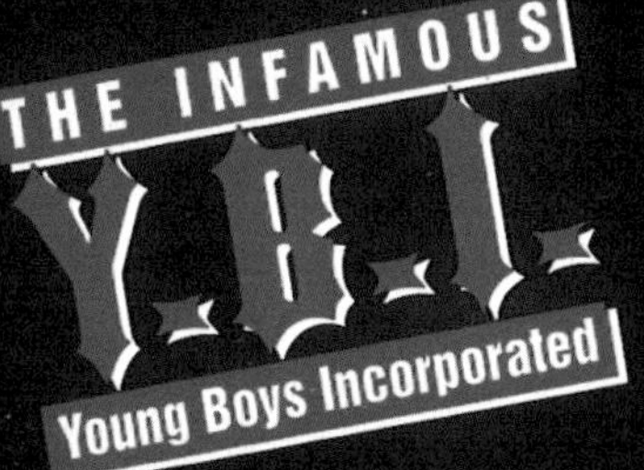

featuring DADDY MADD

DEAD SKULLY

危険地区サギノーミシガン出身のラップグループ。ジャケの人物は本当に死んでしまっているのか…はたまた、いつ死んでもおかしくないので早めに生前葬を行った様子なのか…真相は誰にもわからない。

LIL' RICKY
DA MASK BABY

CASSETTE FILES #199

Y.B.I. (YOUNG BOYS INCORPORATED)
"Dead Skully"
(Drive-By Records)

Year 1995
Area Saginaw, MI
Number of Tracks 12
Rarity ★★★★☆

CASSETTE FILES #200

TOY "EDY KANE" TOI

"Xray Visions"

(Toylitt Paper Productions)

Year: 1996

Area: Detroit, MI

Number of Tracks: 10

Rarity: ★★★★☆

LIL' RICKY DA MASK BABY

デトロイトミシガンの謎の女ラッパー、トイトイ。「私がミシガンのジョイ・トイよ！」と言わんばかりの開脚ジャケがとてもセクシー。このジャケから漂う空気と同様、内容も怪しさで溢れている。

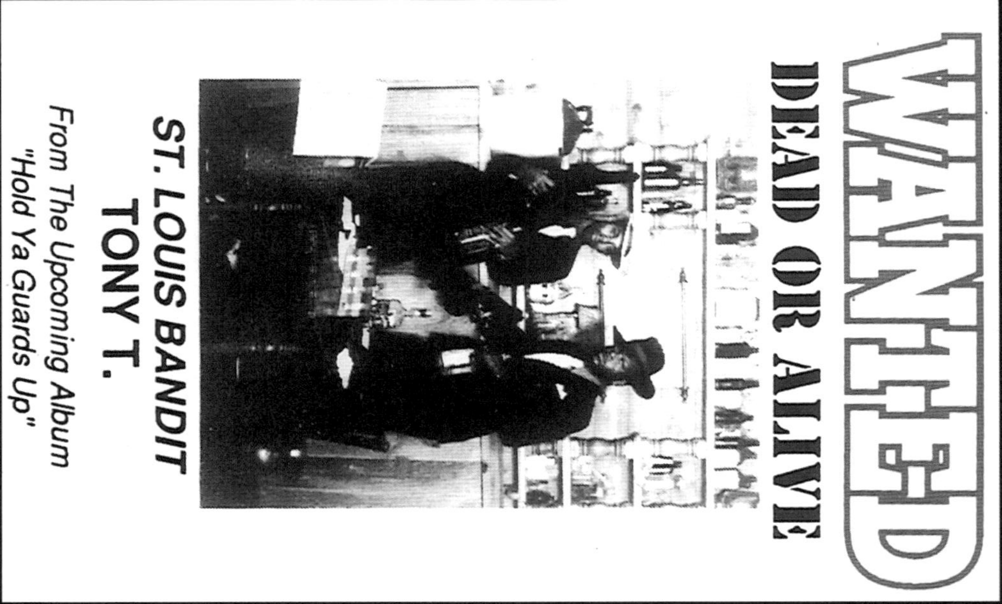

WANTED

DEAD OR ALIVE

ST. LOUIS BANDIT

TONY T.

From The Upcoming Album

"Hold Ya Guards Up"

CASSETTE FILES #201

ST. LOUIS BANDIT TONY T.

"Wanted Dead or Alive"

(A.P.R. Productions)

Year 1996

Area St. Louis, MO

Number of Tracks 4

Rarity ★★★★★

LIL' RICKY DA MASK BABY

セントルイスの盗賊Tony T.。マフィア映画のようにマシンガン片手にビシッとスーツを着こなした写真がかっこいい。詳細は全くわからないが、レーベルのARP Productions はメンフィスにあるらしく、内容もどこかメンフィスみを感じる作りになっている。

CASSETTE FILES #202

REAL BROTHERS

"Soul Controllers"

(Black Vinyl Records)

Year: 1992
Area: Sacramento, CA
Number of Tracks: 12
Rarity: ★★★★☆

サクラメントのラップグループによるテープオンリー作品。92年作でギャングスタ色は薄く少しヒップホップ寄りなサウンドだが、今聴いてもカッコいい時代を先取りしたような佳作だ。

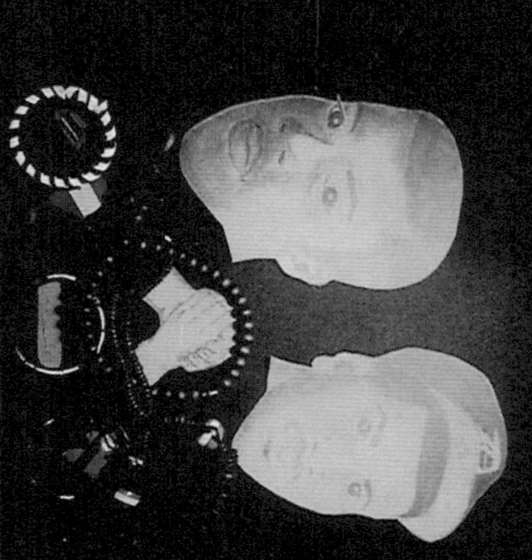

True Skool Hip Hop Classic

music from the group SLOW TO SPEAK

PARENTAL ADVISORY EXPLICIT LYRICS

CASSETTE FILES #203

SLOW TO SPEAK

“True Skool Hip Hop Classic”

(Swiftness Records)

Year: 1994
Area: Houston , TX
Number of Tracks: 10
Rarity: ★★★★☆

LIL' RICKY
DA MASK BABY

フォートワーステキサスのラップグループ。シャツインやバックパック着用など、大学のサークルメンバーのような風貌だが、大ネタ使いや多彩なフローでとにかくかっこいい。あまり認知されていない隠れた名作。

CASSETTE FILES #204

IMMORTAL LOWLIFE

"The Black Fortress"

(Low Life Records)

Year: 1996
Area: Memphis, TN
Number of Tracks: 9
Rarity: ★★★★★

LIL' RICKY DA MASK BABY

メンフィステネシーのアングララップグループImmortal Lowlifesのデビューアルバム。白黒で書かれた禍々しいジャケ通り、中身もホラー色の強い内容となっている。リーダーのMr.Scheはかなり音楽活動に精力的で近年までずっとリリースを続けている。

CASSETTE FILES #205

H.O.H. (HALL OF HELL)

"Livin in A Casket"

(Unlimited Funk Records)

Year: 1995
Area: Memphis, TN
Number of Tracks: 11
Rarity: ★★★★☆

LIL' RICKY
DA MASK BABY

メンフィスのラップグループH.O.H（Hall of Hell）のデビューアルバム。決して日向ぼっこをしているわけではない。「棺桶の中で生きている」というアルバムタイトルの通り、ストリートで生き延びていくことの困難さを表現しているのだろう。

CASSETTE FILES #206

OVA-DOS
"I Thot U Nu"
(JAF Recordings)

Year: 1995
Area: Pittsburgh, PA
Number of Tracks: 7
Rarity: ★★★★☆

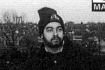

ピッツバーグペンシルバニアのコンビOva-DosのEPカセット。スタイルはヒップホップ寄りだが、ビートが突然ファンタズムのテーマに転調しメンフィスのアングラサウンド色も漂う、聴き応えのある内容になっている。

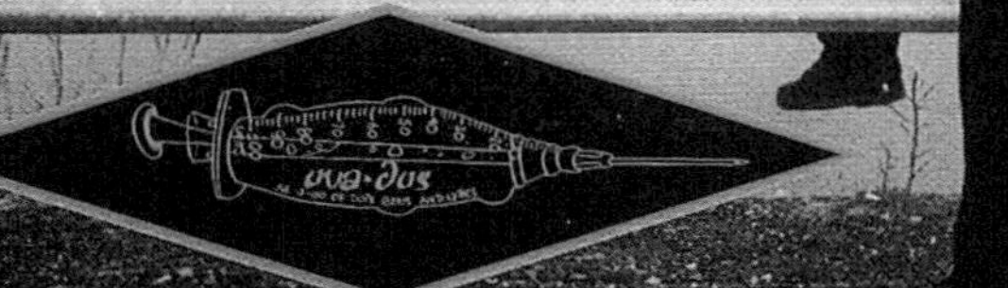

CASSETTE FILES #207

BAY AREA RAP

"Compilation Vol.1"

(Swift Records)

Year: 1994
Area: San Jose, CA
Number of Tracks: 8
Rarity: ★★★★☆

LIL' RICKY DA MASK BABY

サンノゼカリフォルニア周辺のラッパー6人とプロデューサー2人がが集結して作られたコンピレーションカセット。サンノゼの代表的なラップグループ、G-PackのリーダーD-Macも参加している。

CASSETTE FILES #208

LIL MILT

"Brangin' Sum"

(Eastwood Recordings)

Year 2000
Area Nashville, TN
Number of Tracks 12
Rarity ★★★☆☆

BIG-K

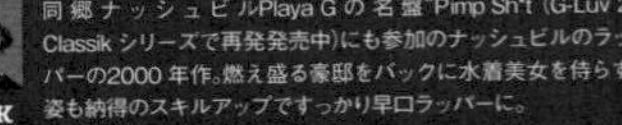

同郷ナッシュビルPlaya Gの名盤"Pimp Sh*t"(G-Luv 2 Classik シリーズで再発発売中)にも参加のナッシュビルのラッパーの2000年作。燃え盛る豪邸をバックに水着美女を侍らす姿も納得のスキルアップですっかり早口ラッパーに。

PARENTAL
ADVISORY
EXPLICIT LYRICS

SELF TIGHTLD

Featuring:
B-Legit
Nutt
Moe B.
DID
Mioshi

Hustlin-N-Hell

CASSETTE FILES #209

SELF TIGHTLD

"Hustlin-N-Hell"

(Point Side Records)

Year: 1998
Area: Seattle, WA
Number of Tracks: 16
Rarity: ★★☆☆☆

LIL' RICKY
DA MASK BABY

シアトルの実力派グループ、Self Tightld のデビューアルバム。ダークでシリアスな曲が続く佳作。ジャケはPen & Pixel が担当。Pen & Pixel の社長は、ゴジラの映画ポスターに影響を受けたと話していたが、このジャケからもそれが伝わってくる。

CASSETTE FILES #210

LC

"Ghetto Life"

(Butt Naked Records)

Year: 1995
Area: San Francisco , TX
Number of Tracks: 4
Rarity: ★★★☆☆

LIL' RICKY DA MASK BABY

サンフランシスコのG グループGhetto Soldiers のメンバー、LC(別名L. Chedda)のソロシングル。まるで戦地かのように、防弾チョッキを身につけショットガンを持った仲間と練り歩く…これが危険地帯ゲットーの日常なのだ。

1ST GHETTO SOLDIERS SINGLE RELEASE

LC

PARENTAL ADVISORY EXPLICIT LYRICS

GHETTO LIFE

K4L
KNOWN 4 LYNCHIN'

PARENTAL ADVISORY EXPLICIT LYRICS

Also Contains Smash Hit "Da Bones"

AND YA DON'T STOP

CASSETTE FILES #211

KNOWN 4 LYNCHIN'

"And Ya Don't Stop"

(Straight Gettin' Em Records)

Year: 1994
Area: Detroit, MI
Number of Tracks: 5
Rarity: ★★★★★

LIL' RICKY DA MASK BABY

デトロイトのローカルグループ、K4L（Known 4 Lynchin）のデビューEP。ジャケットは西のラッパーが御用達のPhunky-Phat Graph-X が担当。独特の文字組みやレイアウトがかっこいい。

CASSETTE FILES #212

UNKNOWN

“19916”

(Unknown Records)

Year: 1997
Area: Sacramento, CA
Number of Tracks: 15
Rarity: ★★★★★

GONZOSTA T

ウンチ坐りでハッパも吸ってるエロ尻ビヤ〜ッチに全国のおやGの股間は大爆発！エロジャケで中味も股美味ちいというのはあんまり無いというのが常識だが、眺め楽しむというのもGラップの楽しみでもあるのだから、文句は言わないことですな。

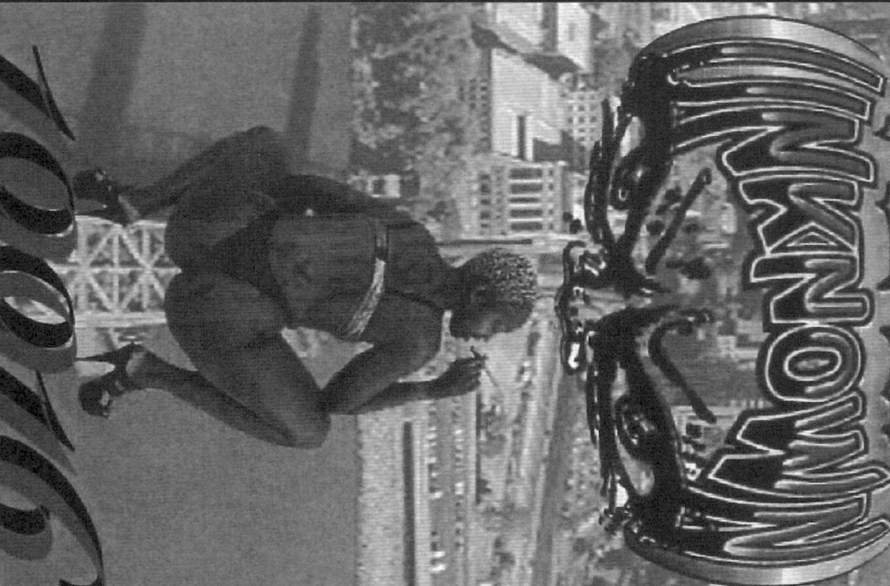

THE REAL
UNTOUCHABLES

PARENTAL
ADVISORY
EXPLICIT LYRICS

Christmas In The
GHETTO

CASSETTE FILES #213

TRU (THE REAL UNTOUCHABLES)

"Christmas in the Ghetto"

(No Limit Records / In-A-Minute Records)

Year: 1992
Area: Richmond, CA
Number of Tracks: 4
Rarity: ★★☆☆☆

世界を席巻する前夜のNo Limit を率いるMaster P のグループTRU による、ゲットーから送るメリークリスマス。気を抜いた瞬間に寝首をかかれるシビアな世界で、ドラム缶で暖を取りながら仲間と乾杯をして過ごす、きよしこの夜。

BIG-K

CASSETTE FILES #214

GREG GOINES

"Chauncy's Revenge"

(Greg Goines)

Year: 1996
Area: Chicago, IL
Number of Tracks: 2
Rarity: ★★★☆☆

LIL' RICKY DA MASK BABY

シカゴの覆面男、Greg Goinesのデビューシングル。多くのラッパーに影響を与えたという小説家、Donald Goinesに因んだ名前。誰かに復讐を試みているのだろうか。2作目のジャケでは事件現場に、この覆面と服が無数の小説と共に置き去られている、というストーリー性のある続編になっている。

Greg Goines Vol. I

chauncy's revenge

CASSETTE FILES #215

9 DEEP

"9 Deep Life"

(Herb Grayson Records)

Year: 1999
Area: Oakland, CA
Number of Tracks: 9
Rarity: ★★★★★

LIL' RICKY DA MASK BABY

オークランドの4人組ラップグループ、9 Deep のアルバム。写真中央の2人はKoncrete Method というグループにも所属しており、Young Twizt のアルバムにも参加している。G-Funk サウンド全開でとても聴き心地のいい作品だ。

DELINQUENTS
"Insane"
(Dank Or Die Records)

Year: 1992
Area: Oakland, CA
Number of Tracks: 9
Rarity: ★★★★☆

LIL' RICKY
DA MASK BABY

オークランドの2人組、Delinquents のデビューアルバム。地元の溜まり場なのだろうか、描き込まれた壁画の前で仲間達と写る姿がかっこいい。Willie Hutch "Love Me Back"をサンプリングした "Floaten off the Brain"がオススメ。

CASSETTE FILES #217

PSYCHO DRAMA
"Do Whatcha Wanna Do"
(U-Chi Records)

Year: 1996
Area: Chicago, IL
Number of Tracks: 4
Rarity: ★★☆☆☆

LIL' RICKY
DA MASK BABY

シカゴの男女混合グループ、Psychodrama のシングル。スタイルの確立した3人によるマイクリレーが素晴らしく、熱狂的なファンが多い。Suave House とも契約を結び全国デビューが期待されたが、リリースは叶わなかった。今も活動を続けるシカゴのレジェンドだ。

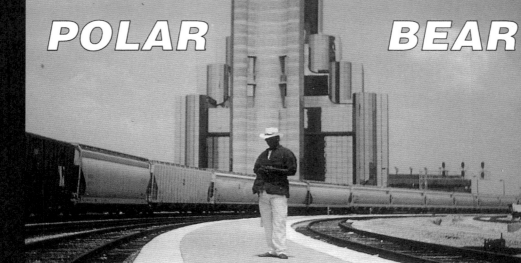

CASSETTE FILES #218

POLAR BEAR

"Polar Bear"

(Platinum Faith Records)

Year: 1995
Area: Dallas, TX
Number of Tracks: 4
Rarity: ★★★★☆

LIL' RICKY DA MASK BABY

ダラス出身のソロアーティストPolar Bear のデビューEP。近未来的な建物とその前を走る貨物列車…フォトジェニックな背景の中心で一人佇む姿はどこか幻想的。

CIN

MAILING ADDRESS:
6331 FAIRMOUNT AVE., STE. 11
EL CERRITO, CA 94530

CRIMINAL IMAGE

ARTWORK BY MICKIE BREWER

CASSETTE FILES #219

CIN

"Criminal Image"

(Real Mob Records)

Year: 1991
Area: Richmond, CA
Number of Tracks: 2
Rarity: ★★★★☆

LIL' RICKY DA MASK BABY

リッチモンドのグループ、C.I.N.によるデビューシングル。機関銃片手にマフィアスタイルのスーツをビシっと決めた男たちがインパクト大。後に出されたアルバムのジャケでは4人になっていたため、半数近くが脱退または死別したのだろうか。

CASSETTE FILES #220

STACY G.

"One Man Riot"

(Pump Records / KQ Records)

Year: 1991
Area: Las Vegas, NV
Number of Tracks: 12
Rarity: ★★☆☆☆

BIG-K

カジノの街ラスベガスを根城に、きらびやかな世界の裏で渦巻く欲望の中を暗躍するGによるファースト。頼れるものは自らの身体のみ、孤独な革命が始まる。

G.MAN

"Secret Indictment"

(Insane Asylum Records)

Year: 1995
Area: Las Vegas, NV
Number of Tracks: 12
Rarity: ★★★★★

LIL' RICKY
DA MASK BABY

前ページの一匹狼こと、Stacy G が、G. Man に名義を変更しリリースした2nd アルバム。ネオンが眩しいカジノ街の前で1人立つ姿は、街を取り仕切る裏ボスのような貫禄がある。

CASSETTE FILES #222

KINFOLKS

"They Ain't Know'n"
(Extortion Records)

Year: 1995
Area: Richmond, CA
Number of Tracks: 12
Rarity: ★★★☆☆

お子ちゃま用教材みたいな明るく楽しいデザインだが、騙されてはいかんよ。中身はリッチモンド周辺に屯する血気盛んなG男たちが大暴れだ！よく見りゃイケない言葉が入ってますよ！という注意シールも付いてるぜ。

GONZOSTA T

EXTORTION RECORDS PRESENTS
KINFOLKS
COMPILATION
FEATURING
YOUNG WOO D-THANG KIDNAPP
SILKE E-DOMANENT MC-BIG-O
KINFOLKS ERASE-E PIZZO MAFIOSOS
LIL T SIDE WAYZ D-DAY
OVER-DOSE STN
WARNING: EXPLICIT LYRICS
THEY AIN'T KNOW'N

CASSETTE FILES #223

SKINNY PIMP & 211

"Pimps & Robbers"

(Outlaw Records)

Year: 1993
Area: Memphis, TN
Number of Tracks: 11
Rarity: ★★★★☆

BIG-K

タイトルよろしくな白いピンプと黒い銀行強盗が鋭い視線を送る先には善人面した地元の有力者。普段反目し合う同士も、共通の敵を倒すために手を組むことはGの世界では日常茶飯事。一時Three 6 Mafia一家にわらじを脱いだこともある、Skinny Pimp の初期リリース。

CASSETTE FILES #224

CITY TO CITY PRODUCTIONS

"The Beginning"

(City To City Productions)

Year: 1998
Area: Denver, CO
Number of Tracks: 17
Rarity: ★★★★★

LIL' RICKY DA MASK BABY

インパクト抜群の絵ジャケは山岳地帯デンバーコロラドのグループ、City to City Productions のアルバム。男1人、女2人の割と珍しい組み合わせのグループ。全編G-Funk 満載で聴きやすい内容になっている。CD でもリリースされているがどちらもレア。

CASSETTE FILES #225

AL KAPONE
"Street Knowledge Chapters 1-12"
(Outlaw Records)

Year: 1992
Area: Memphis, TN
Number of Tracks: 14
Rarity: ★★★★★

LIL' RICKY DA MASK BABY

同郷のラッパーを次々と蹴落とし成り上がっていった3-6 Mafiaとは対照的に、「メンフィス全体で盛り上がって行こう」と地元愛を持ち続けたメンフィスラップの父、Al Kaponeの記念すべきファーストアルバム。メンフィスファンであれば是非押さえておきたい作品だ。

CASSETTE FILES #226

AL KAPONE

"Pure Ghetto Anger"

(Outlaw Records)

Year 1994
Area Memphis, TN
Number of Tracks 13
Rarity ★★★★★

LIL' RICKY DA MASK BABY

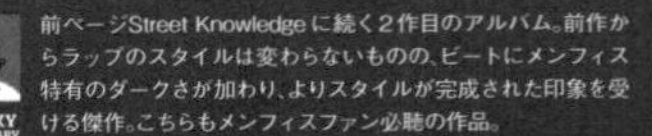

前ページStreet Knowledgeに続く2作目のアルバム。前作からラップのスタイルは変わらないものの、ビートにメンフィス特有のダークさが加わり、よりスタイルが完成された印象を受ける傑作。こちらもメンフィスファン必聴の作品。

C-LŌC

Life On The Southside

WARNING: EXPLICIT LYRICS

CASSETTE FILES #227

C-LOC

"Life on the Southside"
(C-Loc Records)

Year: 1994
Area: Baton Rouge , LA
Number of Tracks: 4
Rarity: ★★★☆☆

LIL' RICKY DA MASK BABY

Master P とも仕事をし、一躍全国区となったバトンルージュのスター、C-Loc のデビュー作。2曲しか入っていないシングルカセットだが、後の活躍を予感させる良作になっている。

CASSETTE FILES #228

7•8•1

“Layn Back N Da Smokehouse”

(7•8•1)

Year: 1994
Area: New Orleans, LA
Number of Tracks: 9
Rarity: ★★★★☆

LIL' RICKY DA MASK BABY

ニューオーリーンズの詳細不明のラップグループ、7・8・1のアルバム。アメリカの刑法187条が殺人（Murder）であることからRedrumと読むのだろうか。ジャケのような煙で包まれた家でゆったりと聴きたい作品だ。

D-MAD CLOWN

Can't Stop Selling YAYO

PARENTAL ADVISORY EXPLICIT LYRICS

CASSETTE FILES #229

D•MAD CLOWN

"Can't Stop Selling Yayo"

(Ratti Records)

Year 1994
Area Columbus, OH
Number of Tracks 6
Rarity ★★★☆☆

LIL' RICKY DA MASK BABY

ピエロ恐怖症がトラウマを発症してしまいそうなジャケは、コロンバスオハイオのD-Mad Clown だ。過去にDef Dee という名義でレコードも出しているが、ジャケには普通な出で立ちの青年が写っている。一体何が彼をこの姿に変貌させたのだろうか。

CASSETTE FILES #230

R.M.C.

"Double Trouble 2X Da Funk"
(Twin Boyz Records)

Year: 1995
Area: Jackson, MS
Number of Tracks: 14
Rarity: ★★★★★

ジャクソンミシシッピの双子コンビ、RMCの激レアアルバム。黄金期西海岸の影響を受けたG-Funk全開な内容になっていて、捨て曲なしの傑作と言える。お隣の都市メンフィスのコンビ、"Down South Ballin"にもひっそりと参加している。

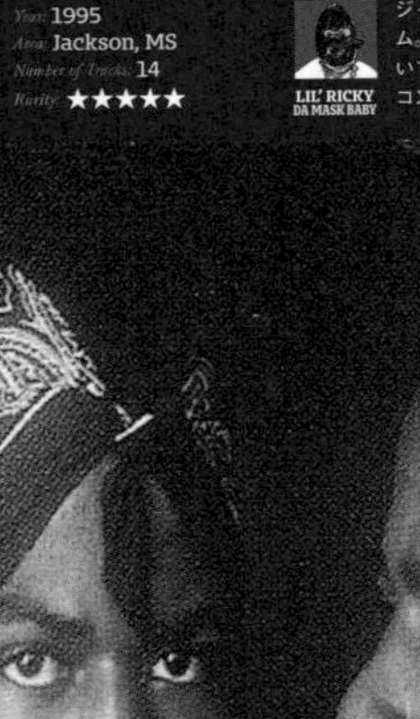

WARNING:
EXPLICIT
LYRICS

By Any Means

17th

CASSETTE FILES #231

BY ANY MEANS NECESSARY

"By Any Means Necessary"
(Alliv Records)

Year: 1991
Area: New Orleans , LA
Number of Tracks: 2
Rarity: ★★★★☆

ニューオーリンズ17th ワードのラップグループ、By Any Means Necessary のデビューシングル。売店前でたむろしているだけの写真なのに、しっかりと絵になっていてかっこいい。アルバムも出していて、そちらは喉手のアイテムだ。

NORTHSIDE CLIQUE

"Northside Clique"

(K.C.M. Records)

Year 1998
Area Cleveland, OH
Number of Tracks 8
Rarity ★★★★☆

クリーブランドオハイオの男女混合グループNorthside Cliqueのアルバム。同郷の英雄Bone Thugs-N-Harmonyの影響を受けたハーモニースタイルに、ミッドウェストの特徴である早口ラップが合わさっていてとてもかっこいい。

CASSETTE FILES #233

16TH AVE. PLAYERS

"I-40 West"

(Frogie Style Production)

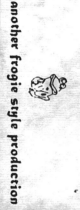

Year: 1993
Area: Nashville, TN
Number of Tracks: 15
Rarity: ★★★★★

LIL' RICKY
DA MASK BABY

ナッシュビルテネシーのプロデューサーDJ Frogieによるグループ、16th Ave. Playersのレアアルバム。Lil' Miltと繋がりがあり、The Prophecyにも裏方として参加している。ささっと描いたようなヘタウマイラストジャケがいい味を出している。

CASSETTE FILES #234

PIMPIN' E

"Theory of Niggativity"

(Pimp Institute Records.)

Year: 1996
Area: Detroit, MI
Number of Tracks: 17
Rarity: ★★★★☆

LIL' RICKY
DA MASK BABY

デトロイトミシガン出身という情報しかわからないラッパーのデビュー（?）作。謎が多いが17曲入りの気合の入った良作。黒と金を基調にしたデザインがかっこいい。

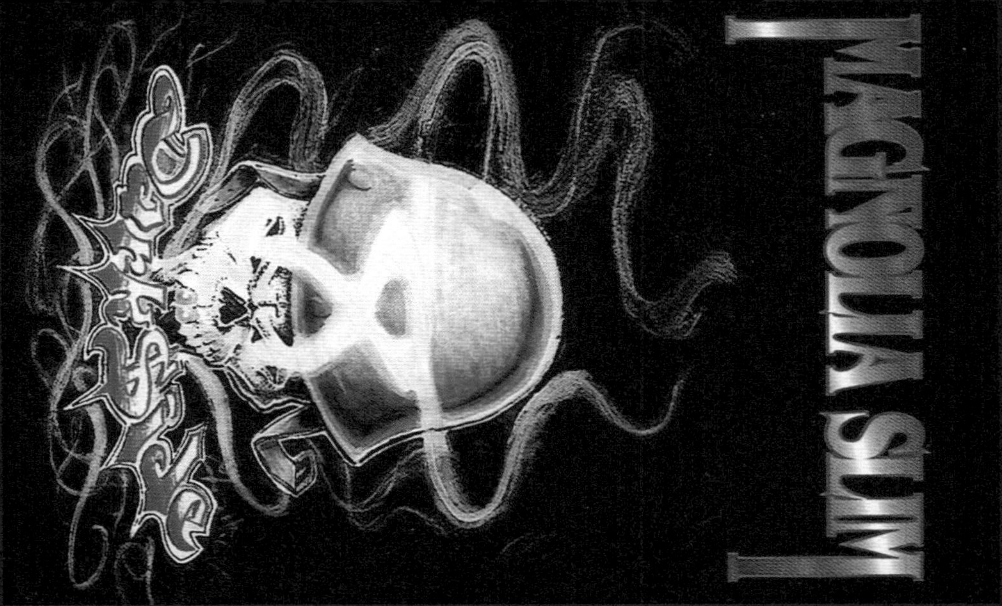

CASSETTE FILES #235

MAGNOLIA SLIM

"Dark$ide"

(Hype Enough Records)

Year: 1995

Area: New Orleans , LA

Number of Tracks: 4

Rarity: ★★★★☆

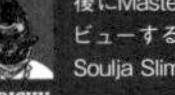

後にMaster P 率いるNo Limit Records と契約しメジャーデビューするも、何者かに銃撃され悲劇の死を遂げてしまったSoulja Slim が名前を変更する前に出したレアEP。

II MARX OF TERRA

"Take It Off"

(Lamina Records)

Year: 1991

Area: New Orleans, LA

Number of Tracks: 4

Rating: ★★★★★

LIL' RICKY
DA MASK BABY

ニューオーリーンズのラップユニットによるシングルカセット。エロジャケでありながら「ちょっと下着を引っ張りますね？」と遠慮がちに下着に触っている姿がちょっと面白い。

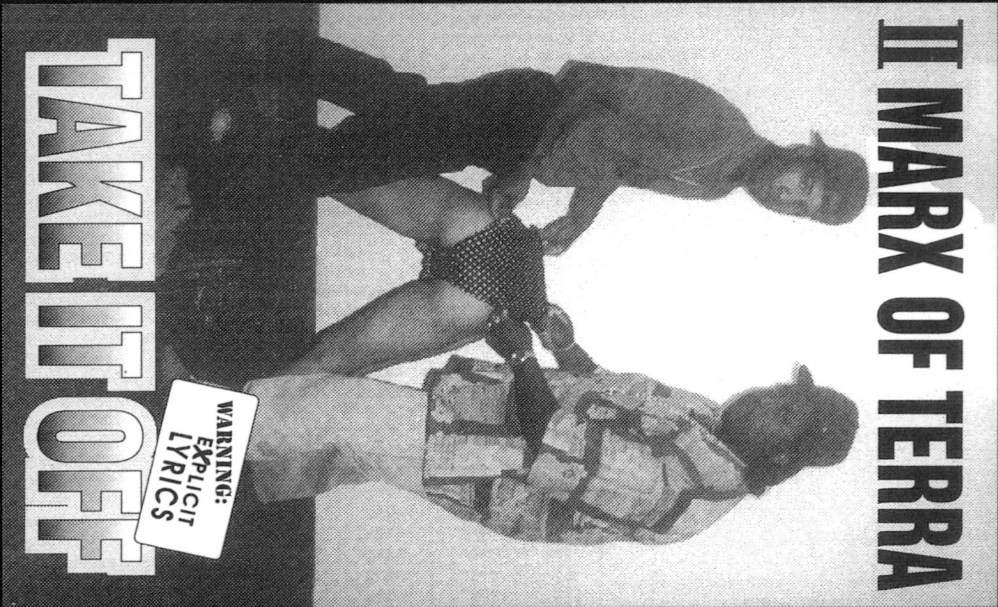

II MARX OF TERRA

WARNING:
EXPLICIT
LYRICS

TAKE IT OFF

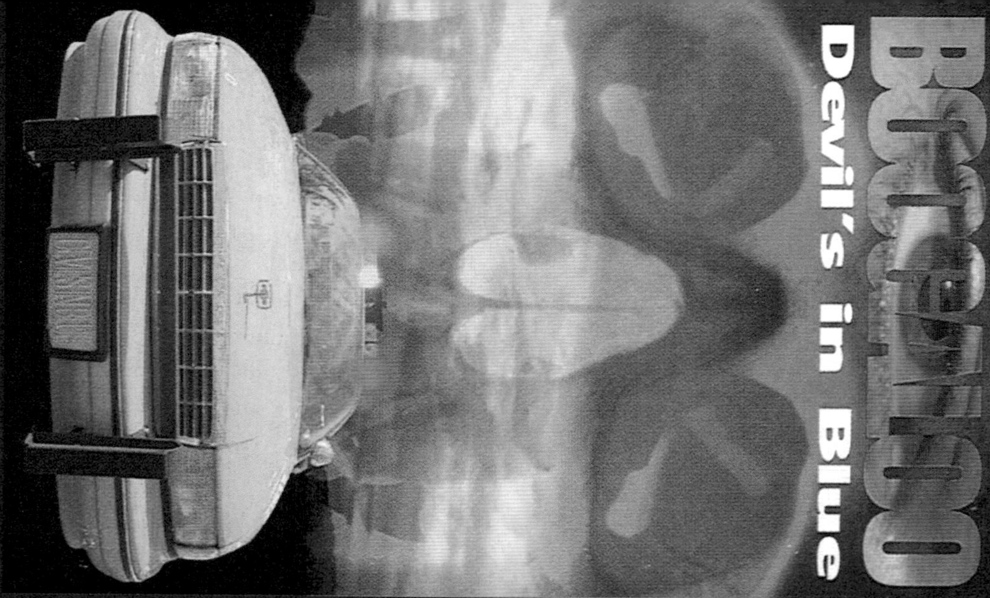

BOOGALOO
Devil's in Blue

BOOGALOO
"Devil's in Blue"
(B-Gold Records)

Year: 1995
Area: Houston, TX
Number of Tracks: 7
Rarity: ★★★★☆

LIL' RICKY
DA MASK BABY

テキサス出身、Boogalooのデビューシングル。タイトルの「青い悪魔」とは警察のことを指しているのだろう。デザインを担当したPen&Pixelの社長さんが、TVの取材でこの作品のポスターを指差し「彼は牢屋を出たり入ったりしているんだ」と語っていた。「青い悪魔」に何度も捕まってしまったのだろうか。

CASSETTE FILES #238

HHARD RECORDS

"Sampler Volume 1"

(Hhard Music)

Year: 1992
Area: San Francisco, CA
Number of Tracks: 10
Rarity: ★★★☆☆

LIL' RICKY DA MASK BABY

90年代初期に出されたカリフォルニアの無名アーティスト達によるコンピレーションアルバム。シンプルに赤と黒だけでデザインされている。このレーベルから後に出された "Alley Kats/A.K. 4 Life" はレアでオークションなどで高額で取引されている。

CASSETTE FILES #239

HARVARD HUSTLAS

"The Unruly"

(Harvard Hustlas)

Year: 1995
Area: Harvard , CA
Number of Tracks: 11
Rarity: ★★★★★

LIL' RICKY DA MASK BABY

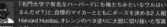

「名門大学で有名なハーバードにも俺たちみたいなワルはいるんだぜ？」と、自慢のマイカーとともにポーズを決める2人組Harvard Hustlas。オレンジのベタ塗りに大胆に切り抜いた写真を載っけたレイアウトが印象的。

CASSETTE FILES #240

TENTA B & THE R.T.P.

"Pretty Boyz"

(Peace Up Records)

Year: 1993
Area: Little Rock, AR
Number of Tracks: 10
Rarity: ★★★★☆

LIL' RICKY DA MASK BABY

アイドルグループのようにオシャレをしてポーズを決めているのは、アーカンソーの美男子軍団。Tenta B & The R.T.P. のデビューアルバム。オレンジと紫のコーディネートに合わせたデザインが素敵。

CASSETTE FILES #241

TENTA B & THA R.T.P.

"An Interview with tha Playa"

(Quzic Entertainment)

Year: 1995
Area: Little Rock , AR
Number of Tracks: 10
Rarity: ★★★☆☆

LIL' RICKY
DA MASK BABY

同上、リトルロックのイケメン集団、Tenta B & R.T.P. の3 作目。その甘いマスク同様にスローで甘めなG-Funk 曲が多く聴きやすい作品となっている。CD も出ておりそちらも入手困難だ。

CASSETTE FILES #242

RAWSEED

"If There's a Cure"

(Trumpp Tight Records)

Year: 1996
Area: Atlanta, GA
Number of Tracks: 5
Rarity: ★★★☆☆

LIL' RICKY DA MASK BABY

アトランタの3人組女ラップユニット、Rawseedのシングルカセット。前年に出した佳作"A New Breed"から1年、アルバムリリースの予定が立ち、Pen&Pixelにジャケも依頼、とんとん拍子で事が進んでいたが、このシングルを最後に活動が途絶えてしまう。

RAWSEED
IF THERE'S A CURE"
"From Their Forthcoming Debut Album"
PARENTAL ADVISORY EXPLICIT LYRICS

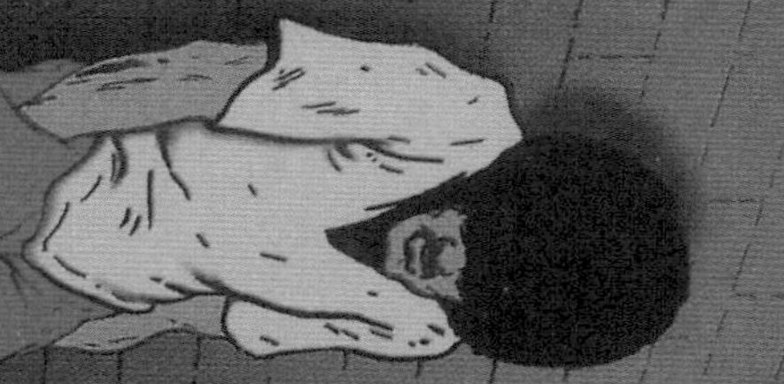

CASSETTE FILES #243

COOP MC
"Home of the Killers"
(On The Rise Records)

Year: 1995
Area: Fort Worth, TX
Number of Tracks: 14
Rarity: ★★★☆☆

GONZOSTA T

何を想うか赤レンガの壁に寄り掛かって俯くテキサスの一匹狼と呼ばれるこのG男。哀愁を帯びたタイトル曲は美しいピアノの旋律と共にSJ嬢のやるせないお唄が挿入されて孤独なおやGの心にじんわりと染み込むのだ。

CASSETTE FILES #244

MILKMAN

“Reminisce”

(Major Musik)

Year: 1996
Area: Oakland, CA
Number of Tracks: 7
Rarity: ★★☆☆☆

BIG-K

Master P 率いるTRU にもわらじを脱いだMilkman によるソロ。御大Master P の勢いについていけなくなったのか、リリースはNo Limit ではなく、ドマイナーのMajor Musik から。共に戦い、抗争の中で倒れていった仲間を追悼するために40Oz を傾け、残った仲間とともに昔の思い出にふける。

PARENTAL ADVISORY EXPLICIT LYRICS

REMINISCE

MILKMAN

featuring DA GOONZ

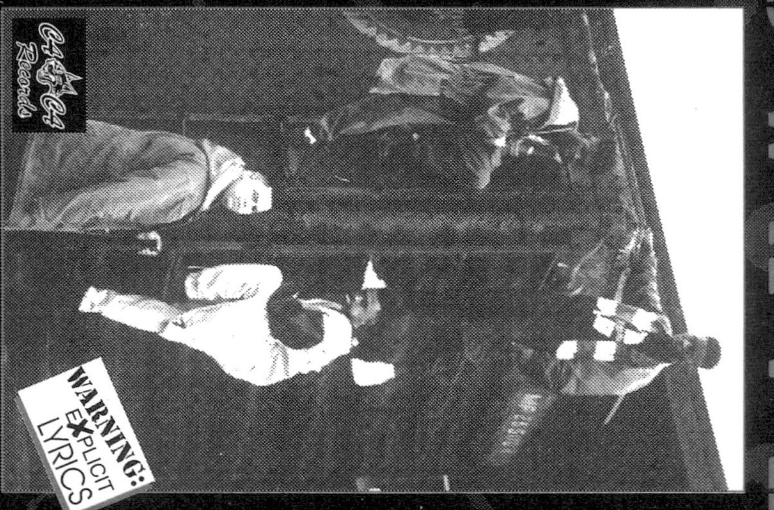

CASSETTE FILES #245

SWAVE PRODUCTIONS

"Swave Productions"

(CACA Records)

Year: 1992
Area: New Orleans, LA
Number of Tracks: 4
Rarity: ★★★★★

LIL' RICKY DA MASK BABY

汽車にぶら下がり青春の1ページのような写真のジャケは、ニューオーリーンズの詳細不明グループ、Swave Productions。クレジットにDJ Money Freshと載っており、写真の人物の1人なのかもしれない。

CASSETTE FILES #246

1-9-6 CLIQUE

"Crucifix's"
(Golden Records)

Year: 1996
Area: Memphis, TN
Number of Tracks: 9
Rarity: ★★★★★

LIL' RICKY DA MASK BABY

メンフィスのアンダーグラウンドグループ、1-9-6 Cliqueによる激レアデビューアルバム。これぞMemphisというサウンド全開のアンダーグラウンドクラシックだ。後に全国発売されたアルバム"No Love Part 1"もコアなマニアの間で愛されている。

CREATORS OF DEADLY ART

WARNING: CONTAINS STRAIGHT UP G SH*T WITH MEGA BASS & EXXXXPLICIT LYRICS

I JACKED The Dopeman

CASSETTE FILES #247

C.O.D.A. (CREATORS OF DEADLY ART)

"I Jacked the Dopeman"

(Chi-Town Records)

Year: 1993
Area: Chicago, IL
Number of Tracks: 6
Rarity: ★★★★★

シカゴの詳細不明グループ、C.O.D.A.（Creators of Deadly Art）のデビューEP。ドラッグディーラーを捕らえ金品を奪い悦んでいるジャケはかなりクレイジー。血のしたたるテキストデザインもかっこいい。

LIL' RICKY DA MASK BABY

CASSETTE FILES #248

D CAL

"Gangsta Life"

(A&D Records)

Year: 1994
Area: Stockton, CA
Number of Tracks: 4
Rarity: ★★★★★

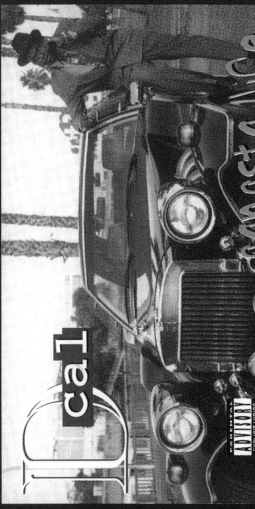

LIL' RICKY
DA MASK BABY

ストックトンのラップデュオBlack Rhinoの片割れ、D-Calがデュオ結成前に出したEP。マフィア映画に出てきそうなオシャレな車の横で、スーツをビシっと決めた姿がとてもかっこいい。

D cal
PARENTAL ADVISORY EXPLICIT LYRICS
gangsta life

CASSETTE FILES #249

KUT-N-KRU

"Bed Room Boom"

(Kut-N-Kru Records)

Year: 1994
Area: Denver, CO
Number of Tracks: 10
Rarity: ★★★★☆

LIL' RICKY DA MASK BABY

デンバーのアングラレーベル、Kut-N-Kru Records のブレーンとなる3人組によるテープオンリーのアルバム。Kut-N-Kru Records からリリースされた数々のクラシックは、このスタジオから生まれたのだろうか。

CASSETTE FILES #250

MURDER MAN

"Mama Pray Foe Me"

(G-4-Life Records)

Year: 1996
Area: Detroit, MI
Number of Tracks: 4
Rarity: ★★★★☆

"Mad Urban Rhymes Defines Every Reality"の頭文字を取ってM.U.R.D.E.R.Manというアーティスト名通り、社会へ強いメッセージを発したシングル曲。同じデトロイトのグループG-4-Lifeのアルバムにも参加している。

MOTOR CITY WAD$QUAD

FUNKILATION

BIG-NAZ

PSYCHEMOB
ACA-DACIOUS
D.J. UGLY

ACAPELLA
LIL "D"
THE SCOUPE

F.L.O.W.S.

YA'LL AIN'T READY!

CASSETTE FILES #251

MOTOR CITY WAD $QUAD

"Funkilation"

(Big Willz Recordz)

Year: 1993
Area: Detroit, MI
Number of Tracks: 10
Rarity: ★★★★★

LIL' RICKY DA MASK BABY

自動車産業が盛んなことからMotor City の異名を持つデトロイト産のコンピレーションカセット。タイヤのイラストが使われたレーベルロゴと、オシャレな書体でレイアウトされたシンプルなジャケ。

CASSETTE FILES #252

LEE THE LEGEND & D-LOVE

"Lee the Legend & D-Love"

(Drive By Records)

Area: New Orleans, LA
Number of Tracks: 5
Rarity: ★★★★☆

LIL' RICKY DA MASK BABY

るシングルカセット。写真左に写っているLee the Legendは、Murder Inc. の立ち上げメンバーでもある、Legend Manだ。

CASSETTE FILES #253

SWAMP CLICK

"Swamp Click"

(Big Easy Records)

Year: 1996
Area: New Orleans, LA
Number of Tracks: 13
Rarity: ★★★★☆

LIL' RICKY DA MASK BABY

ニューオーリーンズのグループ、Swamp Clickのデビューアルバム。「これぞ南部」というジメ〜っとした沼地ジャケが凄く良い。メンバーのJazz-Manは、Murder Inc.など多くのルイジアナラッパーに楽曲を提供した名プロデューサー。

CASSETTE FILES #254

KING JC
"The Next Episode"
(Playalistic Records)

Year: 1997
Area: Memphis, TN
Number of Tracks: 10
Rarity: ★★★★☆

LIL' RICKY DA MASK BABY

メンフィス主流のアーティスト達とは一線を画した活動でリリースを続けてきた白人ラッパー、King JC。彼の20近いリリースはどれも入手困難。配給元がつき全国発売された最終作で、DJ Zirk やAl Kapone といったパイオニアと共演を果たした。

CASSETTE FILES #255

MIKE D. CHILL

"Straight Pimp Shit"

(Kut-N-Kru Records)

Year: 1994
Area: Denver, CO
Number of Tracks: 5
Rarity: ★★★★☆

LIL' RICKY
DA MASK BABY

デンバーのモテ男、Mike D. Chill のデビュー作。黄金期のG-Funkサウンドを取り入れていて聞き応えがある作品だ。Michael Jackson のバラード曲 "The Lady in My Life"をサンプリングした曲もあり。モテモテっぷりを披露したジャケが羨ましい。

CASSETTE FILES #256

M1
"Rage"
(Chattle Records)

Year: 1993
Area: Detroit, MI
Number of Tracks: 5
Rarity: ★★★☆☆

LIL' RICKY DA MASK BABY

デトロイトミシガンの3人組、M1 のEP カセット。瓦礫のような場所でポーズを決める眼鏡の男達。建物が傾いているのか、写真に角度をつけているのか、不思議な構図の写真に載った赤のロゴとタイトルがかっこいい。

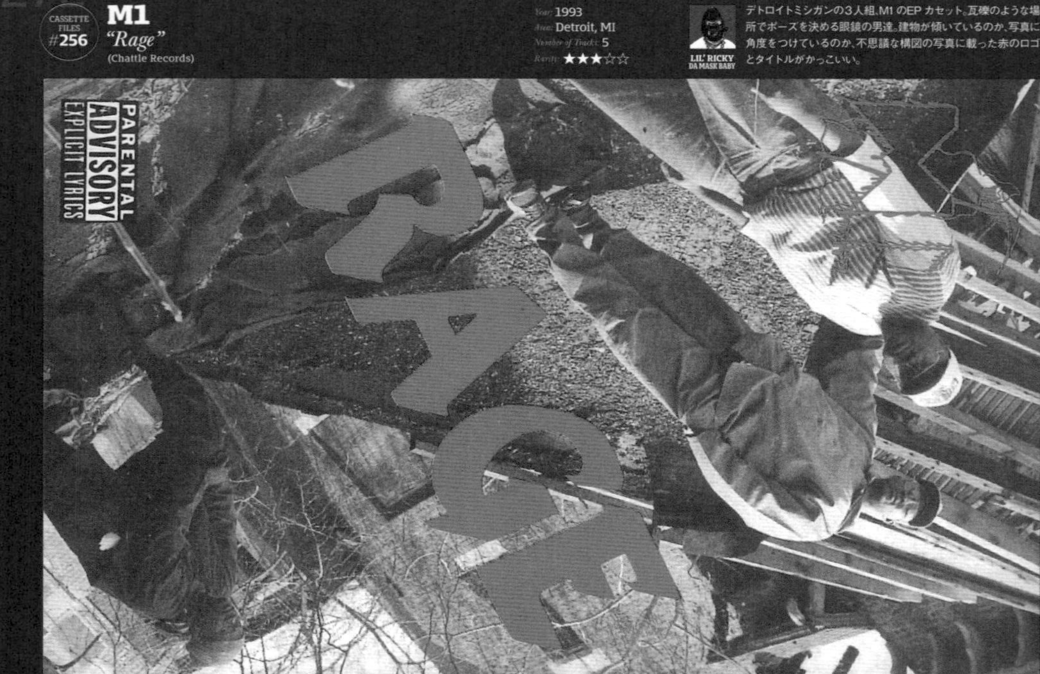

CASSETTE FILES #257

K-SMOOVE

"Pimp or Die"

(King's of Rhythm Publishing Inc.)

Year: 1995
Area: Chicago, IL
Number of Tracks: 8
Rarity: ★★★★★

LIL' RICKY DA MASK BABY

シカゴの色男K-Smooveのデビュー作、その名も「ヒモか死か」。紫色の空、ネオンの光、墓地、指に絡みつく女達…これでもかとマニアが好む要素を詰め込んだこの絵ジャケを見てもらえば、もうそれ以上語ることはない。

CASSETTE FILES #258

FUNX SOULJAZ

"Nine'n"
(Liv'z Records)

Year: 1994
Area: Santa Rosa, CA
Number of Tracks: 7
Rarity: ★★★★★

LIL' RICKY
DA MASK BABY

サンタローザのベテランラップグループFunxSoulJaz のデビュー作。メンバーそれぞれ個性あるラップスタイルを持っていて、流れるようなマイクリレーがとてもかっこいい。信号機のポールに登って撮影しているようだが、態勢を維持するのが大変そう。

CASSETTE FILES #259

GOIN' PUBLIC

"If I Die Today"

(Roll Em' Up Records)

Year: 1995
Area: Houston, TX
Number of Tracks: 4
Rarity: ★★★★☆

LIL' RICKY DA MASK BABY

ヒューストンテキサスのラップデュオ。エロジャケでお馴染みのRacola Jamと同レーベルから出ている。初期Pen & Pixelが手がける、怪しい空×稲妻の鉄板ジャケ。

CASSETTE FILES #260

WEIRDOZ

"Everyday (Everywhere)"

(Heat City Records)

Year: 1995
Area: Tempe, AZ
Number of Tracks: 2
Rarity: ★★★☆☆

LIL' RICKY DA MASK BABY

壮大な自然と都市が融合したテンピの3人組、Weirdozのシングル。ラッパー御用達のソウルネタ、Isley Brothers "Make Me Say It Again Girl"を使用したタイトル曲はめちゃくちゃタイトなので一聴の価値あり。

CASSETTE FILES #261

PISTOL

"Rolling in My '64"

(Ruthless Records)

Year: 1994
Area: Nashville, TN
Number of Tracks: 2
Rarity: ★★☆☆☆

GONZOSTA T

テネシー州ナッシュヴィルを拠点に地道な活動を続ける巨漢Gラッパーがこの男。ご覧のカセットは紙ジャケ仕様でチープだが、愛車をドンッと見せて余計なおカズを一切排除した潔いデザインがベリ～ナイスだ。ピストルという名前もカッコいいぜ！

CASSETTE FILES #262

NUTT-SO

"The Betrayal"

(Nutty's Playhouse)

Year: 2000
Area: Oakland, CA
Number of Tracks: 13
Rarity: ★★★★★

長い間、ラップ雑誌に「近日発売！」と広告が載っていてずっと気になっていたが、結局出ないまま数年が経過…幻のアルバムとしてお蔵入りなのかと諦めていたら、ひっそりとリリースされていた本作。レーベルのトラブルなどで世に出ていない名作はたくさんあるのだ。

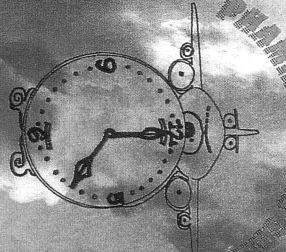

CASSETTE FILES #263

PHAMILY TRIBAL GANG

"Time Flies Maxi Single"

(Def In The Family Records)

Year: 1993
Area: Seattle , WA
Number of Tracks: 3
Rarity: ★★★★★

LIL' RICKY DA MASK BABY

Gラップマニアの間で大人気のシアトルラッパーLil Geneが昔所属していたグループ。3曲入りのシングルカセットだが後に神作を生み出す片鱗を感じさせる良曲揃いの佳作。

CASSETTE FILES #264

NINA MOBB

"Life of a Poe Nigga"

(Nina Records)

Year: 1994
Area: Long Beach, CA
Number of Tracks: 12
Rarity: ★★★★★

LIL' RICKY DA MASK BABY

ロングビーチの４人組ラップグループ、Nina Mobb の激レアデビューアルバム。リーダーのPlaya P は80 年代から活躍しているベテラン。黄金期ウェストコーストのG-Funk サウンドが全面に詰め込まれた隠れた名作。

CASSETTE FILES #265

B-DEF

“Face to Face with Def”

(Hollow Point Records)

Year: 1995
Area: East Pointe, MI
Number of Tracks: 11
Rarity: ★★★★☆

LIL' RICKY DA MASK BABY

死神と手を組む男、薬物、首吊り、KKK…これでもかと禍々しいイラストが並ぶ本作のジャケは、犯罪率が高く、常に死と隣り合わせだった、当時のミシガン州の惨状を表現している。

CASSETTE FILES #266

BOOMWERX POSSE

"Ya Young -n- Ya Restless/I.B Funky"

(Supersingles Records)

Year: 1991
Area: Detroit, MI
Number of Tracks: 1
Rarity: ★★★★☆

LIL' RICKY DA MASK BABY

デトロイトの詳細不明グループ、Boomwerx Posse のシングルカセット。TV ドラマやホラー映画のテーマ曲を大胆にネタ使いした作品。ささっと描かれたようなヘタウマジャケが最高に良い味を醸し出している。

CASSETTE FILES #267

1 NATION

"Power of the Nation"
(Tech-Starr, Inc.)

Year: 1992
Area: Detroit, MI
Number of Tracks: 11
Rarity: ★★★★☆

LIL' RICKY DA MASK BABY

デトロイトのグループ1 Nationのデビュー作。ジャケ中央にあるでっかい拳は、地元の英雄であるボクシング王者ジョー・ルイスの拳の銅像。

CASSETTE FILES #268

MAC MILL

"Run of the Mill"

(No Question Records)

Year: 1990
Area: Oakland, CA
Number of Tracks: 4
Rarity: ★★★☆☆

LIL' RICKY DA MASK BABY

砂漠とラクダのアラビアンジャケが印象的だったオークランドのベテランラッパー、Mac Mill のデビューシングル。脱力系のイラストが可愛いジャケ。アラビアン色はなく、ファンキーなビートにスキルフルなラップが乗るオールドスクールスタイル。

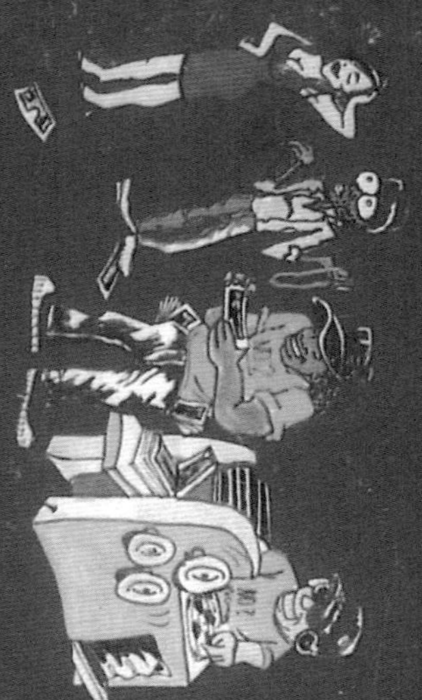

MAGIC MIKE

Old Game With A New Twist

PARENTAL ADVISORY EXPLICIT LYRICS

CASSETTE FILES #269

MAGIC MIKE

"Old Game with A New Twist"

(Go Craz-Z Records)

Year: 1996
Area: Richmond, CA
Number of Tracks: 8
Rarity: ★★★★☆

LIL' RICKY DA MASK BABY

リッチモンドのソロアーティスト、Magic Mike によるレア
ルバム。オリジナルのCD は高額で取り引きされ、再発盤も
度も出ている。「これぞPhunky Phat！」と唸らずにはいら
ない名作イラストジャケ。机の上に飾っておきたい作品だ。

CASSETTE FILES #270

THE WILD LIFFE SOCIETY

"Suicide"

(Brutal Records)

Year: 1992
Area: Jackson, MS
Number of Tracks: 12
Rarity: ★★★☆☆

LIL' RICKY DA MASK BABY

ジャックタウンミシシッピのベテラングループ、The Wild Liffe Society のカセットオンリーのデビューアルバム。90 年代初期のオールドスクールファンキースタイル。写真はメンバーの集まるお気に入りの場所なのだろうか。

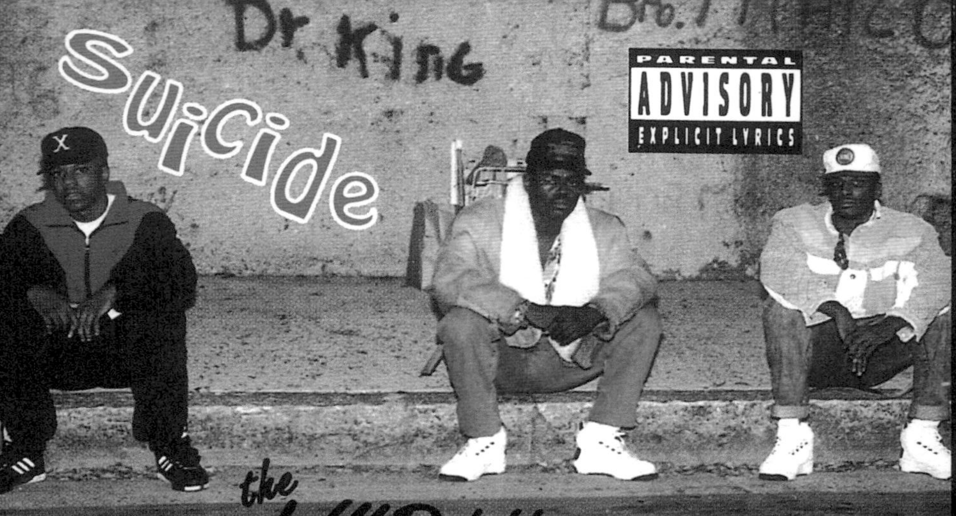

CASSETTE FILES #271

REDRUM
"Livin' Da Life of a Hustla"
(Guillotine Records)

Year: 1997
Area: Sacramento, CA
Number of Tracks: 15
Rarity: ★★★☆☆

LIL' RICKY DA MASK BABY

サクラメントのデュオOld-E & Redrum の片割れ、Redrum によるソロアルバム。雑誌広告で頻繁に見かけたが、当時は入手することができなかった。ローカル配給だったのだろうか。カセットオンリーリリースだが、フルカラージャケットのCD-R も出ている。

CASSETTE FILES #272

MR. HERSHEY #1

"Pimpology"

(Drop Tha Bomb Records)

Year: 1997
Area: Omaha, NE
Number of Tracks: 7
Rarity: ★★★★☆

LIL' RICKY DA MASK BABY

オマハネブラスカの一匹狼Mr. Hershey#1のデビューEP。名前はチョコレートが由来なのだろうか。野球場の塀でちょこんと座った写真に、おしゃれな筆記体書体をふんだんに使用した趣があるジャケ。

Mr. Hershey #1

PIMPOLOGY

Drop Tha Bomb Records

PARENTAL ADVISORY EXPLICIT LYRICS

Felony In the First Featuring Do-All & Lōk Bonus Track

CALHUNE
N
GHOST
Whas Da Biniss?
Creepin' up on ya like a secret indictment in the '97 with the hit single Whas Da' Biniss?

CASSETTE FILES #273

CALHUNE-N-GHOST

"Whas Da' Biniss?"

(Struggle Empire)

Year: 1996
Area: Rockford, IL
Number of Tracks: 4
Rarity: ★★★★☆

LIL' RICKY DA MASK BABY

ロックフォードのソロアーティスト、Calhune-N-Ghost のデビューシングル。デュオっぽい名前とジャケだが、おそらく同一人物で2面性を表している。2000 年にはCalhune 名義でアルバム"Universatile"を出し、このカセットの曲も別バージョンで収録されている。

CASSETTE FILES #274

BOBSKE & THE OUTLAWED

"Jack the Cops"
(Outlaw Records)

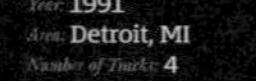

Year: 1991
Area: Detroit, MI
Number of Tracks: 4
Rarity: ★★★★★

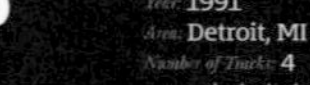

LIL' RICKY DA MASK BABY

ミシガンのグループ、Bobske & The Outlawed のデビューEP。白昼堂々警官を脅し金品を盗んでいる写真に文字は一切載せない大胆ジャケ。Latimore/Let's Straighten It Out をネタ使いするなど、Bobske の音楽センスを感じさせる作品だ。

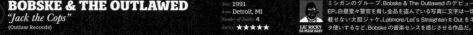

CASSETTE FILES #275

BOBSKE
"Judged by 12, than Carried by 6"
(Break-Em-Off Records)

Year: 1998
Area: Detroit, MI
Number of Tracks: 13
Rarity: ★★★★★

LIL' RICKY DA MASK BABY

同上、Jack the Cops から7年後に出されたアルバムカセット。ジャケに描かれている、棺桶を運ばれているシーンと、殺人を犯し陪審員に裁かれているシーンは「殺されるくらいなら、先に殺してしまえ」というアルバムタイトルの意味である。

CASSETTE FILES #276

KENNY D. SAMPLE

"Kenny D. Sample"

(LKS Productions)

Year: 1998
Area: Memphis, TN
Number of Tracks: 4
Rarity: ★★★★★

LIL' RICKY
DA MASK BABY

メンフィステネシーの詳細不明のソロアーティスト、Kenny D. Sample の4 曲入りEP カセット。杖を片手に数珠のようなネックレスを身につけた姿が異彩を放っている。アーティスト名にSample と入っていてややこしいが試聴版ではない。

KENNY D.
SAMPLE

from the upcoming album
KENNY D. SAMPLE
THE LIVING EXAMPLE

CASSETTE FILES #277

LIL' RON THE BOSSMAN

"Cold but Fair"

(Mugz Records)

Year: 1995
Area: New Orleans , LA
Number of Tracks: 4
Rarity: ★★★★★

LIL' RICKY DA MASK BABY

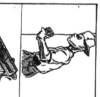

4コマ漫画のようになっているジャケは、ルイジアナのLil' Ronのデビューシングルカセット。後にRon Grayに改名してCDを数作出している。フルートが鳴り響く独特なビートに、Lil' Ronの語りラップを乗せたタイトル曲、Cold But Fairは一聴の価値あり。

CASSETTE FILES #278

MISSISSIPPI MAFIA

"A Killer Thats True"

(Heluva Records)

Year: 1995
Area: Jackson, MS
Number of Tracks: 4
Rarity: ★★★☆☆

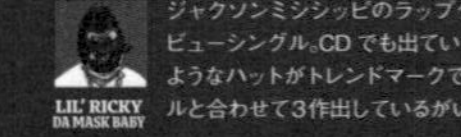
LIL' RICKY
DA MASK BABY

ジャクソンミシシッピのラップグループMississippi Mafia のデビューシングル。CD でも出ていてそちらはレア。マフィア映画のようなハットがトレンドマークで、いつも被っている。このシングルと合わせて3作出しているがいずれも名作。

CASSETTE FILES #279

LOCS OFF WOLFE
"All about that Dolla"
(Locs Off Wolfe)

Year: 1994
Area: Little Rock, AR
Number of Tracks: 10
Rarity: ★★★★☆

LIL' RICKY DA MASK BABY

リトルロックアーカンソーのマイナーデュオのカセットオンリーアルバム。イナタさを前面に押し出したラップスタイルがかっこいい。ジャケは「おい、この前貸した金はまだか？ボスがキレる前に用意しとけよ！」と発破をかけているシーンだろうか。

CASSETTE FILES #280

NU-BOHRN

"Anna off Yo Chest"

(Key-N-Da-Lock Entertainment)

Year 1997
Area Memphis, TN
Number of Tracks 2
Rarity ★★★★★

LIL' RICKY DA MASK BABY

メンフィスのローカルラッパー、Lil Ron とLil Fi によるデュオ、
Nu-Bohrn による2曲入りシングルカセット。白黒写真に手書き
で描かれたようなロゴが組み合わさった不思議なレイアウト。メ
ンバーのLil Ron はソロCD も出している。

CASSETTE FILES #281

II NATIONS

"Trapped in the System"
(Suspect Records)

Year: 1995
Area: Houston, TX
Number of Tracks: 11
Rarity: ★★★★☆

LIL' RICKY DA MASK BABY

テキサスのベテランShowtymeとK-Swiftによるデビューアルバム。鏡の世界に閉じ込められたビジュアルでタイトルを表現している。金ピカデザインを始める前の初期Pen & Pixelはメッセージ性が込められた叙情的なものが多く見ていて楽しい。

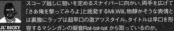

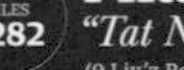

CASSETTE FILES #282

MR. WILL

"Tat Nigga"

(9 Liv'z Records)

Year: 1996
Area: New Orleans, LA
Number of Tracks: 9
Rarity: ★★★★☆

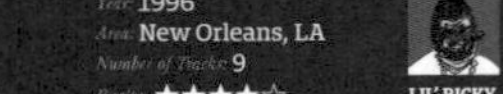

LIL' RICKY DA MASK BABY

スコープ越しに狙いを定めるスナイパーに向かい、両手を広げて「さあ俺を撃ってみろよ」と挑発するMr.Will。物静かそうな表情とは裏腹にラップは超早口の激アツスタイル。タイトルは早口を形容するマシンガンの擬音Rat-tat-tat から取っているのか。

D-FLY

"Redrum Remixes"

(Chi-Funk Records)

Year: 1996
Area: Chicago, IL
Number of Tracks: 4
Rarity: ★★★★★

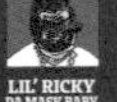

シカゴのアングララップ集団Dramawardの中心メンバーの初期作。D-Flyはラップの実力も然る事ながら、トラックメーカーとしての才能があり、裏方としての活躍も目立った。画像ではわかりづらいが、金色の紙に印刷されている豪華仕様となっている。

CASSETTE FILES #284

GO HARD BLACK

"Ghetto Stories"

(Go Hard Records)

Year: 1997
Area: Dallas, TX
Number of Tracks: 15
Rarity: ★★★★☆

LIL' RICKY DA MASK BABY

「俺が入ってた牢屋はこんな感じだったぜ」と自慢の広大な庭で武勇伝を語っているのはテキサスのGo Hard Black。良曲ばかりの傑作。CD も出ていてそちらはオークション等で高額で取り引きされている。ジャケはPhunky Phat Graph-X が担当。

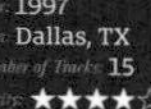
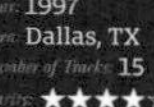
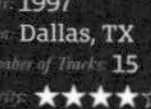

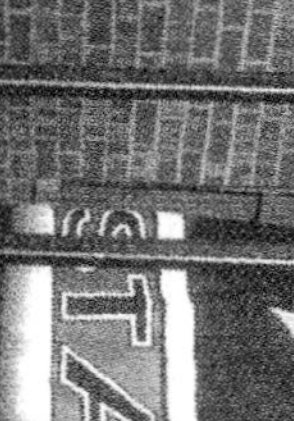

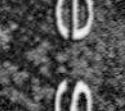

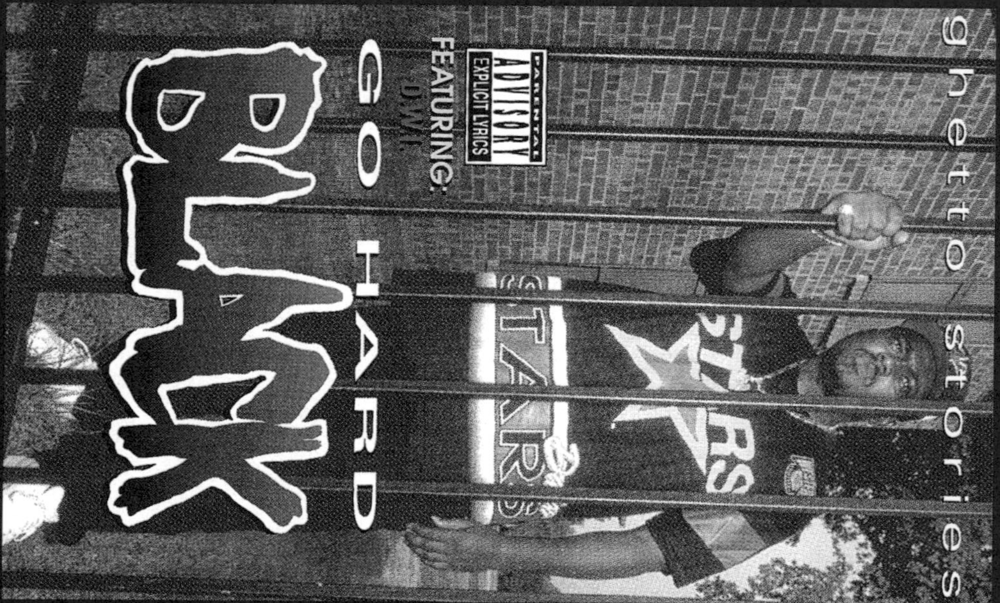

Tha D.R.E.

DEEP ON A SOLO CREEP

PARENTAL ADVISORY EXPLICIT LYRICS

CASSETTE FILES #285

THA D.R.E.

"Deep on a Solo Creep"

(Fa' Sho' Records)

Year: 1994
Area: Milwaukee, WI
Number of Tracks: 4
Rarity: ★★★★★

LIL' RICKY DA MASK BABY

ミルウォーキーの実力派ラッパー兼プロデューサーTha D.R.EのデビューEP。CD も出ていてレア度はそちらの方が上だが、そちらの写真はバストアップ付近でトリミングされている。お腹まで眺められるのはテープ版だけなのだ。

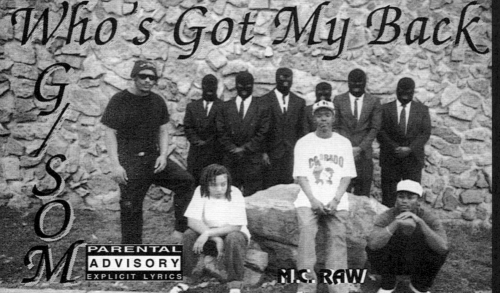

CASSETTE FILES #286

G.S.O.M.

"Who's Got My Back"
(Trips Records)

Year: 1993
Area: Denver, CO
Number of Tracks: 8
Rarity: ★★★★☆

LIL' RICKY DA MASK BABY

街のチンピラの後ろに並ぶビジネスマンのような出で立ちの覆面集団。「俺らの背後に誰がいるかわかるか?」というタイトルからして、政治家か地域の権力者なのか…いろいろな想像が掻き立てられる異様なジャケ。

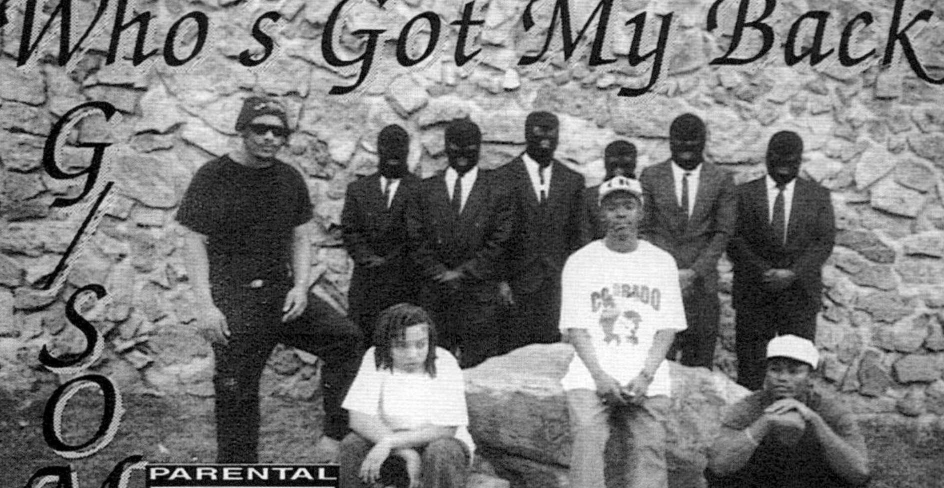

CASSETTE FILES #287

BLACK HOLE POSSE

"Still Getting Jacked"

Year: 1994
Area: Denver, CO
Number of Tracks: 12
Rarity: ★★★★☆

LIL' RICKY DA MASK BABY

デンバー代表のラップグループ、Black Hole Posse の記念すべきファーストアルバム。汚職警官にムカつきすぎて「大嫌いなパトカーの前で記念撮影してやったぜ！」と言わんばかりな大胆ジャケ。

CASSETTE FILES #288

BLACK HOLE POSSE

"It's All Part of the Game"

(BHP Records)

Year: 1995
Area: Denver, CO
Number of Tracks: 9
Rarity: ★★★★★

LIL' RICKY DA MASK BABY

前ページの作品 "Still Getting Jacked" のリリースで勢いに乗ったB.H.P. がリリースした2作目。今作からG-Funk 色とダークさがかなり加わり、ここでB.H.P. のスタイルが確立された印象。チェックシャツやホッケーシャツなど、これぞ90 年代というファッションがクール。

CASSETTE FILES #289

CONTROLLED SUBSTANCE

"Straight from Da Hood"
(Gimme Tha Loot Productions)

Year: 1998
Area: Chicago , IL
Number of Tracks: 6
Rarity: ★★★★☆

LIL' RICKY
DA MASK BABY

シカゴイリノイの3人組、Controlled Substance の EP カセット。赤い目になった彼らがハッパの山に囲まれているイラストが印象的。Dramaward のようなダークビートに、ゆったりとしたラップが乗りとてもかっこいい。

CASSETTE FILES #290

LIL' BLACK

"Dark Territory"

(Little Black Productions)

Year: 1996
Area: Dallas, TX
Number of Tracks: 6
Rarity: ★★★☆☆

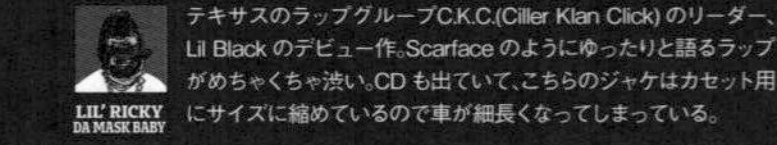

テキサスのラップグループC.K.C.(Ciller Klan Click)のリーダー、Lil Black のデビュー作。Scarface のようにゆったりと語るラップがめちゃくちゃ渋い。CD も出ていて、こちらのジャケはカセット用にサイズに縮めているので車が細長くなってしまっている。

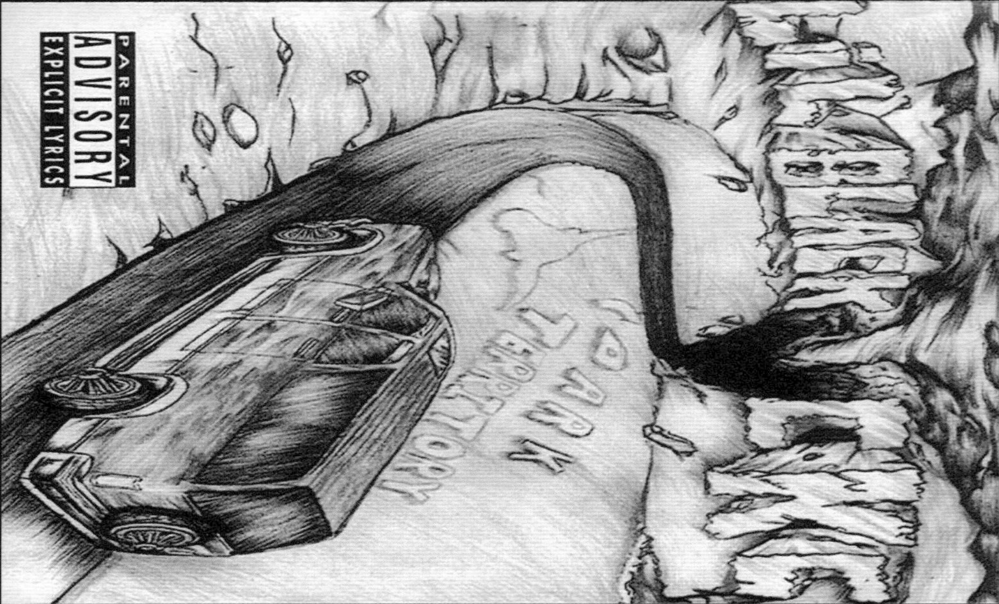

CASSETTE FILES #291

LOCKDOWN
"Kickin' It from the Cell"
(Lockdown)

Year: 1994
Area: Ypsilanti, MI
Number of Tracks: 11
Rarity: ★★★★★

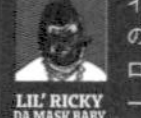
LIL' RICKY
DA MASK BABY

イプシランティ出身の囚人仲間で結成されたグループ、Lockdownのファーストアルバム。グループで2作、リーダーのWardenがソロで数作出しているが、全て名作と言っていいほどカッコいい。一聴の価値ありだ。

CASSETTE FILES #292

STREET STORIES

"Underground Music Compilation"

(Rhythm Street Records)

Year: 1995
Area: Sacramento, CA
Number of Tracks: 10
Rarity: ★★★★★

LIL' RICKY DA MASK BABY

サクラメントのローカルラッパーが集結して出されたコンピレーションアルバム。サクタウンの名所カリフォルニア州会議事堂をバックにパーティをしている絵ジャケ。このイラストに色が付いたCD も出ているがそちらは再発盤。

STREET STORIES
SAC
FEATURING: Triple Beam• Rup Dogg•Philliated Click•Greedy
C.O.P.S.•Bumpin T• D'Bone•2 Far Gone

CASSETTE FILES #293

BLACK DYNASTY

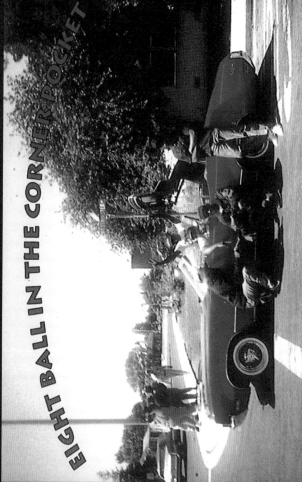

"Eight Ball in the Corner Pocket"

(Flamm "E" Flamm Records)

Year: 1991
Area: Oakland, CA
Number of Tracks: 3
Rarity: ★★★☆☆

LIL' RICKY
DA MASK BABY

イーストオークランドの２人組、Black Dynastyのデビュー作。かっこいい赤のオープンカーに乗った仲間たちと撮った記念写真がそのままジャケになっている。

CASSETTE FILES #294

P.K.O.

“They Scared of A Nigga”

(Youngsta Records)

Year: 1992
Area: San Antonio, TX
Number of Tracks: 16
Rarity: ★★☆☆☆

GONZOSTA T

テキサス州サンアントニオを根城に暗躍するイカついG集団は親玉ニノを中心に曲者G男が脇を固めてハードかつスイートなGラップをぶちかます。虚勢を張った争いで若くして命を落とした仲間が眠る墓地を舞台にポーズを取るコイツらの熱い想いがヒシヒシと伝わるジャケが秀逸。

CASSETTE FILES #295

P.K.O.

"All Day Sunday"

(Youngsta Records)

Year: 1994
Area: San Antonio, TX
Number of Tracks: 2
Rarity: ★★★★☆

GONZOSTA T

チープな紙ジャケのこのテープがGマニヤの間で引っ張りダコの人気なのはご存知か？ シングルカットされたタイトル曲には甘いナオンのお唄が特別MIX されているから嬉しい。何と言ってもB面で男と女の喘ぎ声がたっぷり挿入されていて生唾ゴックンだ。

CASSETTE FILES #296

SWISHER SUITE

"Swisher Suite Compilation"

(Explicit Lyric Records)

Year: 1994
Area: Houston, TX
Number of Tracks: 15
Rarity: ★★★★☆

LIL' RICKY DA MASK BABY

ヒューストンのベテラン、Klass C がリリースしたコンピレーションアルバム。何とこのカセットにはタイトルの元ネタにもなっているSwisher Sweets というぶっとい葉巻タバコが一緒にラッピングされて発売されていた。

SWISHER SUITE

KLASS C
PIMPIN ALCHOHOLIC
SERV
DIRTY D
ZIG ZAG
HYPE NERD
RAW DEAL
GULF COAST GANGSTERS
BLACK FACE
KAPONE
SQUALLY DOG
RAW G

WARNING
EXPLICIT LYRIC RECORDS

U-NEEK & CLEVA

DRAMA

MAXI-SINGLE

PARENTAL ADVISORY EXPLICIT LYRICS

CASSETTE FILES #297

U-NEEK & CLEVA

"Drama Maxi-Single"

(U-Neek Records)

Year 1992
Area Los Angeles, CA
Number of Tracks 6
Rarity ★★★☆☆

洋ラップファンなら誰もが知っているオハイオの人気グループ. Bone Thugs-N-Harmony の数々の名曲を手がけた天才プロデューサーDJ U-Neek がCleva という女性ラッパーをプロデュースしたシングルカセット。

CASSETTE FILES #298

Y>S<P CLICK

"Young Southern Playaz Vol.1"

(Demigod Records)

Year: 1996
Area: Memphis, TN
Number of Tracks: 14
Rarity: ★★★☆☆

テネシー州を中心とした南部アーティストを集めたコンピレーションアルバム。当時勢いのあったGラッパーが揃い踏みしており、南部Gラップ入門として最適なクラシック作品だ。

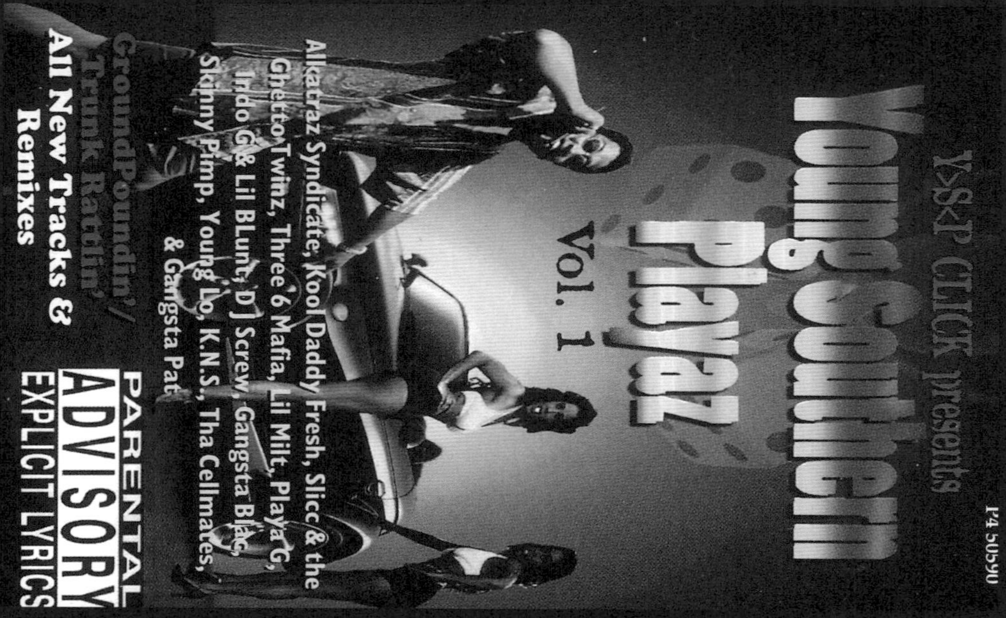

P4 50590

Y>S<P CLICK presents

Young Southern Playaz

Vol. 1

Alkatraz Syndicate, Kool Daddy Fresh, Slicc & the Ghetto Twinz, Three 6 Mafia, Lil Milt, Playa G, Indo G & Lil BLunt, D J Screw, Gangsta Blac, Skinny Pimp, Young Lo, K.N.S., Tha Cellmates, & Gangsta Pat

GroundPoundin'/ Trunk Rattlin'

All New Tracks & Remixes

PARENTAL ADVISORY EXPLICIT LYRICS

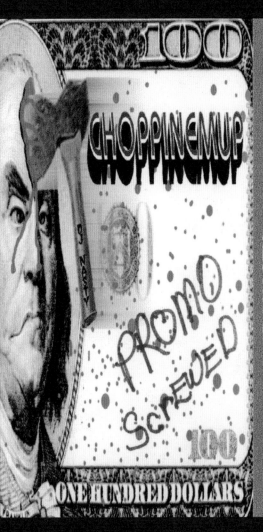

ONE HUNDRED DOLLARS

100

PROMO
SCREWED

CHOPPINEMUP

DJ NASTY
CHOPPINEMUP

SCREWED SCREWED

CASSETTE FILES #299

DJ NASTY
"Choppin Em Up"
(unknown)

Year: unknown
Area: Longview, TX
Number of Tracks: unknown
Rarity: ★★★★★

BIG-K

テキサスを根城に日々Screwに明け暮れるDJ Nastyのプロモミックステープ。903のメンバーでもあるNASTYの斧でチョップされ流血するベンジャミン・フランクリンの姿は歌舞伎役者よろしく寄り目になり、聞く者をズブズブトロトロ濃厚シロップ漬けに。

CASSETTE FILES #300

COPS (CRIMINALS OVER POWEING SOCIETY)
"On Location"
(2 Peace Records)

Year: 1997
Area: Stockton, CA
Number of Tracks: 14
Rarity: ★★★☆☆

LIL' RICKY
DA MASK BABY

ストックトンの強面男グループ、COPSの1stアルバム。むさ苦しいジャケとは裏腹に歌心溢れる繊細な音にヤられるマニア続出。CDは稀少のため高額で取引されている。この作品以前にもEPカセットをリリースしており紹介したかったが残念ながら未所持。

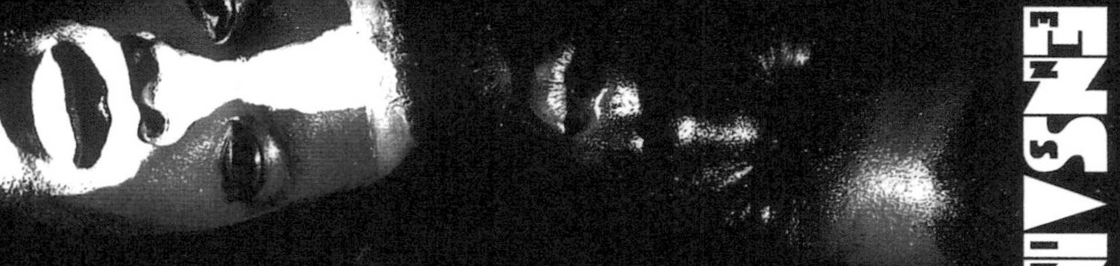

CASSETTE FILES #301

ENSAIN JAMES
“Midwest Madstyle”
(Fatal Funk Records)

Year: 1995
Area: St. Louis, MO
Number of Tracks: 4
Rarity: ★★★★★

LIL' RICKY DA MASK BABY

セントルイスのソロアーティスト、Ensain James のデビューEP。仮面を付けたり不気味なメイクをしたジャケは、只者じゃない香りが漂っている。Esham や同じミズーリ出身のTech N9ne といったホラー系アーティストに近いスタイル。隠れた佳作だ。

CASSETTE FILES #302

BORN KILLA V

"187 Soljaz"

(Wack'em Production)

Year: 1996
Area: Davenport, IA
Number of Tracks: 2
Rarity: ★★★★★

LIL' RICKY DA MASK BABY

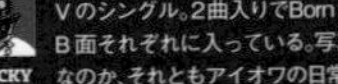

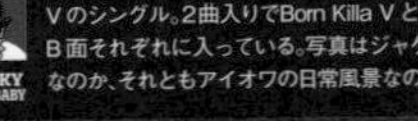

Gラップはそこまで馴染みのない地域、アイオワからBorn Killa Vのシングル。2曲入りでBorn Killa Vと187 Soljazの曲がA面B面それぞれに入っている。写真はジャケット用に撮影したものなのか、それともアイオワの日常風景なのか。

BORN KILLA V
fet. 187 SOLJAZ

BORN KILLA V/187 SOLJAZ

CASSETTE FILES #303

BIG HILL PRODUCTIONS

"Gimi Sum Dungeon '96"

(Gimi Sum Productions)

Year: 1996
Area: Memphis, TN
Number of Tracks: 8
Rarity: ★★★★★

LIL' RICKY DA MASK BABY

メンフィスの重鎮Kingpin Skinny Pimpの実兄Big Hillがリリースしたコンピレーションアルバム。この兄弟はGimisum Familyという団体を形成しており、主にそのメンバーが参加している。

CASSETTE FILES #304

DA MOB KLIC

"It's So Hard to Keep Some Paper"

(Mac City Records)

Year: 1996
Area: Little Rock, AR
Number of Tracks: 6
Rarity: ★★★☆☆

リトルロックアーカンソーの詳細不明のグループ、Da Mob Klicによるシングルカセット。6曲入りのうち4曲は"Paper"という曲のリミックスなのだが、全て別の曲のようにビートが違う。そしてどれもクオリティが高いので、シングルとはいえ聴き応えのある一作。

CASSETTE FILES #305

DKA (DEADLY KREW ASSOCIATION)

"C.A.N.T.O.N."

(Deadly Krew Association)

Year: 1994
Area: Canton , MS
Number of Tracks: 9
Rarity: ★★★★★

LIL' RICKY DA MASK BABY

ミシシッピのグループ、DKA のデビューEP。彼らの出身地カントン（CANTON）の頭文字を取ったタイトルになっている。ギャングスタというよりはヒップホップ寄りの音だが、94年の作品とは思えないほど先進的な内容になっている。

CASSETTE FILES #306

NOTORIOUS NIGGAZZ

"Livin' Wreckless"

(Clinch Productions)

Year: 1993
Area: Chicago, IL
Number of Tracks: 16
Rarity: ★★★★★

LIL' RICKY DA MASK BABY

シカゴのラップグループNotorious Niggazz のデビュー作。写真左のStar D はソロでもCD を出している。黒赤で書体も1種類のシンプルなデザインだがそれがかっこいい。大きい金のネックレスは当時のトレンド。

"LIVIN' WRECKLESS"

Chicago

NOTORIOUS NIGGAZZ

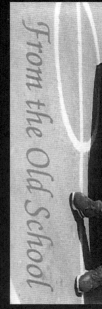

Freddy B

FEATURES:
"DOPEFENE BEAT"
"FRESH OUT THE PEN"
"INTO THE NIGHT"

From the Old School

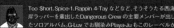

CASSETTE FILES #307

FREDDY B

"From the Old School"

(Serious Sounds Records)

Year: 1992
Area: Oakland, CA
Number of Tracks: 10
Rarity: ★★★★☆

Too $hort、Spice-1、Rappin 4-Tay などなど、そうそうたる西海岸ラッパーを輩出したDangerous Crew の主要メンバーが出したソロアルバム。G-Luv でお馴染みPlaya-Ju もこのレーベルからリリースされている。

CASSETTE FILES #308

LIL PEN & OUT ON BAIL CLICK

"Witness the Real"

(Mike-Mike Productions/Out On Bail Entertainment)

Year: 1997
Area: Memphis, TN
Number of Tracks: 5
Rarity: ★★★★★

LIL' RICKY DA MASK BABY

宇宙ジャケで一部マニアに有名なLil Penが仲間のOut On Bail Clickを引き連れ、密かに出していたEPカセット。宇宙ジャケに収録されている曲も含まれているのだが、今作でしか聴けない曲もあり、そちらも堪らない内容となっている。入手困難カセットだ。

CASSETTE FILES #309

NEW MAFIA

"Heading Up the Billboard"
(Touch Down Productions)

Year: 1992
Area: Houston, TX
Number of Tracks: 6
Rarity: ★★★★☆

BIG-K

Mafiaという文字でイメージするもの、背広、ハット、ミートボール。そのイメージからの脱却を宣言するNew Mafiaという名前にふさわしい、赤と青の明るいコーディネート。そしてバックには平和を祈るグラフィティがカラフルに壁を彩る。ちなみにこのプロダクションはU.G.K. の数々の名盤にも深く関わっているテキサスのOGが運営。

CASSETTE FILES #310

DOUBLE TROUBLE

"Bigger than Da't"

(Stayin' Strong Records)

Year: 1995
Area: Memphis, TN
Number of Tracks: 5
Rarity: ★★★★★

LIL' RICKY DA MASK BABY

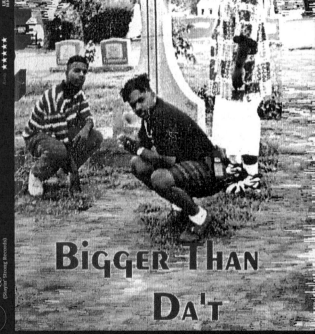

知る人ぞ知るメンフィスのラッパー、Lil Pen とRa' Kenn が組んだユニット、Double Trouble のEP。タイトル曲Bigger Than Da't は、これぞメンフィスサウンド！という佳作。2人のイメージキャラなのか、2頭の犬のイラストがちょっと可愛い。

Double Trouble
Bigger Than Da't

CASSETTE FILES #311

BYRD
"Everyday Hustler"
(Funkstyle Records)

Year: 1995
Area: Houston, TX
Number of Tracks: 10
Rarity: ★★★★★

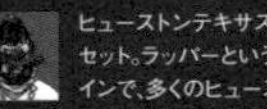

ヒューストンテキサスのラッパー兼プロデューサー、Byrd のEP カセット。ラッパーというよりはプロデューサーとしてのキャリアがメインで、多くのヒューストンラッパーのトラックを制作した。Sketch Book Design というペンピクの競合会社がデザインを担当。

CASSETTE FILES #312

MAC DRE

"Stupid Doo Doo Dumb"

(Romp Records)

Year: 1998
Area: Vallejo, CA
Number of Tracks: 15
Rarity: ★★☆☆☆

BIG-K

ベイエリアを代表するGの排便中の姿が見られる1本。このクラスになると、水着のお姉さんの股間にトイレットペーパーをセッティング、自分の掲載された雑誌を片手に眼光鋭くにらみつける。こころなしか自分のチン棒に手をかけているようにも…だとすると、この表情にも深みが出てくるか!?

STEREO

LUKAH

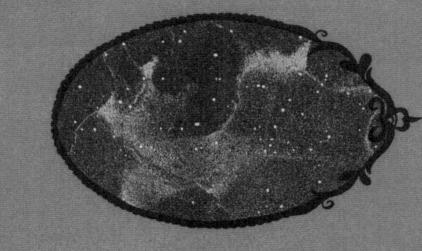

"Why Look Up, God's in the Mirror"
(Funeral Party Records)

Year: 2021
Area: Memphis, TN
Number of Tracks: 15
Rarity: ★★☆☆☆

BIG-K

鏡の中には無限に広がる宇宙。そこに神は存在するのか？と投げかけるメンフィステネシー出身のラッパー。都会的な雰囲気もありつつ、往年のメンフィスホラーサウンドも匂わす1本。

CASSETTE FILES #314

TELA
"Piece of Mind"
(Suave House)

Year: 1996
Area: Memphis, TN
Number of Tracks: 15
Rarity: ★★★☆☆

BIG-K

メムフィスのソウル満載のTelaの1stはレーベルメイト8Ball & Mjgを迎えた"Sho Nuff"でむせび泣き確定の1本。荒れた大地をTelaす一筋の光は40オヤGの涙腺を崩壊させ、涙ちょちょ切れ止まらない名盤。

PIECE OF MIND
Featuring EIGHTBALL & MJG, Crime Boss
and The Suave House Family
PRODUCED BY SLICE TEE AND MO-SUAVE-A PRODUCTIONS, INC.
PARENTAL ADVISORY EXPLICIT LYRICS
TELA

CASSETTE FILES #315

DOWN BOYZ

"Disaster Troop"

(Dir T Dawg Records)

Year: 1994
Area: Detroit, MI
Number of Tracks: 2
Rarity: ★★★★☆

LIL' RICKY
DA MASK BABY

デトロイトミシガンのホラーコアラップグループ、Down Boyzのデビューシングル。デトロイトホラーコア界の大御所I.C.P.のようなロックとラップを融合させたようなスタイル。包丁を持ったムキムキ覆面男が壁を破ってくるイラストが怖い。

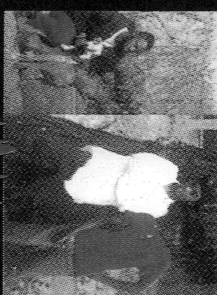

CASSETTE FILES #316

BLOODLINES

"Die Heard"

(Die Heard)

Year: 1995
Area: Chicago, IL
Number of Tracks: 2
Rarity: ★★★★★

シカゴの男女混合ラップグループ、Blood Lines のシングルカセット。ジャケデザインから漂う怪しさの通り、風呂場で歌ったかのように脱力した男女コーラスが交互に行き交い異彩を放ちまくっている。

CHILLIES BLUNT

PARENTAL ADVISORY EXPLICIT LYRICS

THE B.R.O.T.H.A. CHILLY-T
& THE BOOM SQUAD

CASSETTE FILES #317

THE BROTHA CHILLY-T

"Chillies Blunt"

(Boom Records)

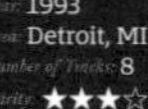

Year: 1993
Area: Detroit, MI
Number of Tracks: 8
Rarity: ★★★☆☆

LIL' RICKY DA MASK BABY

ニュージャージーを拠点にしているが、出身はサギノーのChilly-T。Phillies Blunt パロディーのロゴと全面切り貼りしたような手作りジャケが良い味を出している。Youtube にタイトル曲のPV が上がっている。

CASSETTE FILES #318

FY G.A.N.G.

"Locest Ones"

(Sta Shun "S" Record Co.)

Year: 1992
Area: South Central, CA
Number of Tracks: 6
Rarity: ★★★☆☆

LIL' RICKY
DA MASK BABY

ベルフラワーのラップグループ、FY G.A.N.G. のデビューシングル。ジャケのコンセプトは「敵対するギャングが最期に見る光景」だろうか。かっこいい写真には細かいデザインは不要！ シンプルなレイアウトでもジャケとしてビシっとキマってしまうのである。

FY G.A.N.G.

LOCEST ONES

CRIMINAL BACKGROUND

BLOOD ON THE WALL

WARNING: EXPLICIT LYRICS

CASSETTE FILES #319

CRIMINAL BACKGROUND

"Blood on the Wall"
(Criminal Background)

Year: 1993
Area: Flint, MI
Number of Tracks: 6
Rarity: ★★★★☆

ホラーコア大人気の地デトロイトから白人×黒人のラップデュオ、Criminal BackgroundのデビューEP。ジャケのイメージ通りホラー全開な曲もあれば、さわやかな曲もありでバラエティ豊かな内容となっている。

CASSETTE FILES #320

PSYCHO

"The Return of Psycho"

(Fat Rat Records)

Year: 1995
Area: Memphis, TN
Number of Tracks: 9
Rarity: ★★★★★

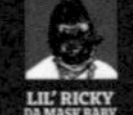

LIL' RICKY
DA MASK BABY

ここまで何度も登場してきた棺桶ジャケなんて生ぬるい！と、ついに墓場の地中に埋まってしまったPsycho のファーストアルバム。Tommy Wright、DJ Squeeky、Gangsta Pat などメンフィスの目ぼしいアーティストとはだいたい仕事をしてきた重要人物。

CONTINUES TO NEXT PAGE

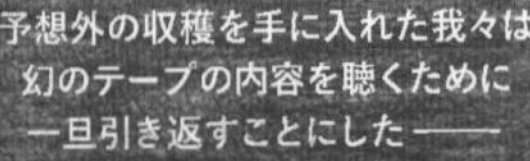

今スグ
此処ヲ
立チ去レ
人間ドモ…
ん？

ウ、
ウワァー
ーー!!
何だーー

此処ハ
オマエラノ
来ル場所
デハナイ
コレ以上
コノ場ヲ
荒ラスヨウ
ナラバ…
墓地ニ
長ク眠ル
ゾンビ達ヲ
目覚メサセ
オマエラヲ
ソノ餌ニ
シテヤル…

俺たちは
命がけで
来てるん
だ!!
諦めな
いぞ！
クッ…
そんな
脅しに
屈して
たまる
かっ！

フハハハ…命知ラズメ…ダガ
ソウイウ者ハ嫌イジャナイゾ
此処マデ来タ勇気ハ褒メテヤ
ソノ印トシテ　コレヲ授ケヨ
コレヲ持チ　今スグニ去レ

こっ、これは…!!!
世界3大幻のラップ
カセットの1つ!!
"TAPE MAFIA"!!!
DMF

予想外の収穫を手に入れた我々は
幻のテープの内容を聴くために
一旦引き返すことにした――

DMF INC. オフィス

さっそく聴いて
みようぜ！
DMF
ドン

中身は単なる"呪いのテープ"でした

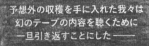

Cassette hunting will continue...

テープマニヤ列伝 其の2

“命がけのGテープハンティング”

テキ屋のYさん（年齢不詳）の場合

俺の知ってるテキ屋のYさん（年齢不詳）は「丸いのはイヤ!四角じゃなきゃダメ!」という筋金入りのテープマニヤである。その昔、Gラップ好きのYさんはお宝Gテープを求めてアメリカ南部の奥地まで足を踏み入れてテープ漁りをしたことがある強者でもある。裏のルートで仕入れた情報を頼りになんとか探し当てた皿屋は、ガレージを改装したようなみすぼらしい店であったが、一歩店内に踏み込むと見たことも聞いたこともないおびただしいドマイナーなGテープが乱雑に棚から溢れ、床に山積みされていたのだからビックリ玉毛た!という。驚きと嬉しさで「夢か?夢なら覚めるな!」と心で叫びつつ、あれも!これも!それも!と両手に抱えきれないほどのGテープを無我夢中で買い漁ったという。あまりの数の多さにレシートが数メートルにも及び、レジのアンちゃんに「オ～～!ロ～～ングレシート!」と呆れられたという。

店から出ても興奮覚めやらぬYさんであったが突然、ガツンと頭部に強い衝撃を受けてその場で気絶!気がついたときは身ぐるみ剥がされ道ばたに倒れていたという。頭に大きなコブが出来ており、真ん中辺りがパカッと割れて血のりがべっとりこびり付いていたそうだ。恐らく拳銃のグリップエンドあたりで殴られたのであろう。地元の警察署に駆け込んで助けを求めたが「お前、命があっただけラッキーだったじゃないか」とウインクされて肩を叩かれた。現地ではこんなことは事件と呼べないくらい日常茶飯事なんだろうなと改めて思い知ったという。喜び勇んで手に入れた戦利品のGテープは、片手に握りしめていた血染めのテープ一本を残して全て持ち去られていたという。海を渡ってやっと手にしたお宝テープが一瞬のうちに消えてしまったのだから、Yさんの悔しさは計り知れないものがある。以降、血のしみ込んだテープはお守りとして常にシャツの胸ポケットに仕舞ってあるという。

壮絶な体験をしたYさんだが、会うたびに頭の傷痕を擦りながら「あの恐怖の体験は今となってはいい思い出になっているよ。超スイートな思い出といってもいいくらいだね」と言って笑うのだ。勿論、今でもGテープのコレクションは続けているというから、まさに「テープマニヤの神」と呼んでもいいだろう。今ならネットで容易く手に入るGテープだが、昔は現地に潜入して命がけで発掘するしか方法がなかったのだから、Yさんの決死の体験談は何度聞いても興味が尽きないのだ。

つい先日、そのYさんが5年ほど前、趣味の山歩きで入った山中で行方不明になってしまったことを知って驚いた。お守りのテープを忘れたのだろうか?不屈の精神の持ち主のYさんのことだから、「こんなテープを拾ったよ」なんて言いながら突然ひょっこり現れるのではないだろうかと思っている。（GONZO記）

※襲撃のイメージ→

MY BEST 20 RAP CASSETTES

SELECTED BY LIL' RICKY

(D.M.F.INC®／PIRANHA SOLDIERZ™)

PIMP DOGG
"Who's That Aggin"

DOWN 4 DIRT
"The Aftershock"

LIL WHIT
"For the Fellas"

DJ SCREW
"3 'N the Mornin'"

AL KAPONE
"Street Knowledge Chapters 1-12"

MAGIC MIKE
"Old Game with A New Twis

TOMMY WRIGHT III
'RUNNIN - N - GUNNIN"
STREET SMART RECORDS

Height: 5-11 Weight: 170
Place of Birth: TN
Hair: Black Eyes: Brown
Complexion: Light
Scars, Marks, Tattoos: none
SS# 409-41-2032
Charges:Convicted of 10 kilos. of cocaine. Failed to surrender to serve 6 year sentence. Was on $25,000 bond.

TOMMY WRIGHT III
"Runnin-N-Gunnin"

RAW II SURVIVE
"West Syde Gz"

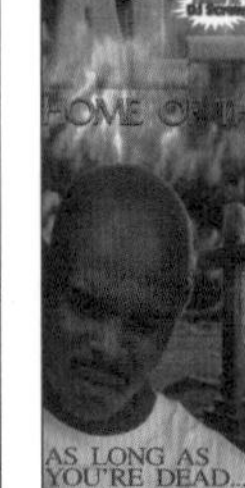

AL-D
"Home of the Free"

ONE GUD CIDE
"Look What the Streets Mad

THREE 6 MAFIA
"Mystic Stylez"

Y>S<P CLICK
"Young Southern Playaz Vol.1"

MURDER INC.
"Let's Die 2-Gether"

EVIL LOC
"The 10th Book"

TRIFLIN PAC
"Triflin' s Da Word"

II NATIONS
"Trapped in the System"

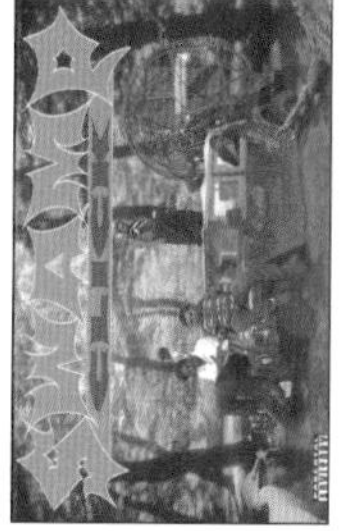

SWAMP CLICK
"Swamp Click"

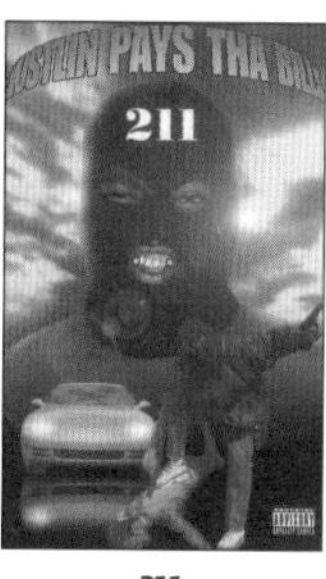

211
"Hustlin Pays tha Bills"

THE BLACK HOODS
"Six G's n Countin'"

1-9-6 CLIQUE
"Crucifix's"

集めたG-RAPカセット数え切れず…思い入れのあるものから忘れてしまったものまで、いろいろあるカセットの山から、「ジャケの良さ」「楽曲の良さ」など総合的に選んだベストがコレだ。ヘンテコ絵ジャケ、覆面男ジャケ、変態ヴァイオレンスジャケは高得点なので、このようなセレクトとなった。世界のマニアがG慢しているネット情報を見ていると、まだまだ欲しいカセットが沢山あるので、このベストリストが塗り替えられるよう、今後もDIGしてイク所存だ!!

MY BEST RAP CASSETTES 20

SELECTED BY
GONZOSTA-T
(GONZOSTORE® 店主／D.M.F.INC®)

DOWN N DIRTY HU$TLAS
"Panty Fiend"

M.C. LOVE
"Da Playa U Hate 2 Luv"

2ND TYME AROUND
"G Strings"

69 GIRLZ
"Tootzee Pop"

KAZY-D & MAC 10 POSSE
"Til Ya Satisfied / Tender Love"

D.G.I. POSSE
"The Panty Drop"

HOT
"Hot Girls 4 Life"

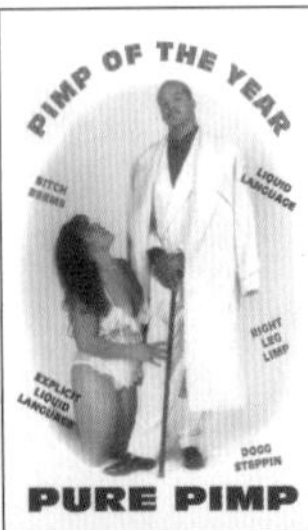

PURE PIMP
"Pimp of the Year"

2-DEF
"Str-8 Doin tha Fool"

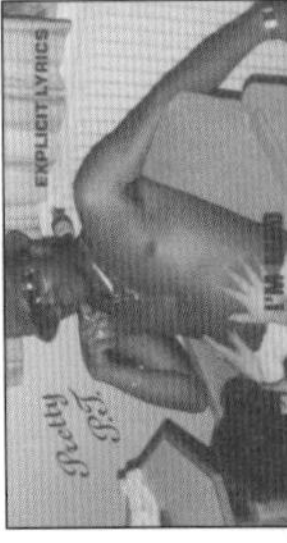

PRETTY P.J.
"I'm Mad Cold about Mine"

SPORTY T
"It's All Good"

II MARX OF TERRA
"Take It Off"

PLAYA G
*"Pimp Sh*t"*

DOOMSDAY PRODUCTIONS
"This is for the Hoes"

DROP
"Die Rich Records"

LIL RIC
"Deep N tha Game"

UNKNOWN
"19916"

CIRCLE PRODUCTION
"Zigg-Zagg"

M.C. Freeze
"Sally B'"

TENDA TEE
"Tenda Yet Deadly"

Gラップに欠かせないおカズといえば『酒』と『薬』と『ビヤ〜ッチ』だろう。血氣盛んなG男たちは日々そそり尻でブリブリ言わせるエロビヤ〜ッチを奪い合って殴り合いの喧嘩に明け暮れるのだ。そんな罪深いエロビヤ〜ッチが自慢の姿態をこれでも喰え！と披露するエロジャケカセット20本を一気に大公開だ。エロジャケマニヤ諸兄にとってはどれもこれも鼻血ブー＆股間モッコしの逸品ばかりであろうから、氣の済むまでヨダレにまみれて眺めまわしておくんなさい。

MY BEST 20 RAP CASSETTES

SELECTED BY
BIG-K

(PIRANHA SOLDIERZ™ ∕ D.M.B. PRODUCTION)

BIG-O
"Deep into the Night"

TRU II FLO
"P.I.M.P."

X-NIGGAZ
"Niggaz"

H-TOWN RYDERS
"H-Town Ryders"

EIGHTBALL & MJG
"Comin' Out Hard"

BIG JUNE
"Nigga"

M.C. WILL
"Crack Lady"

K.E. OF THA DARKSIDE
"Tha Light and Darkside of K.E."

MO DOG CHILL
"Bang Bang"

THE PHAT PAC
"Take A Ride in the Studio"

S 2 THE B
"Somethin ta Roll to"

SUAV TRE'
"In St. Louis"

MOB TIEZ
"The Enterauge"

SEXXX FIENDS
"Under 21 Not Admitted"

DJ NASTY
"Choppin em up"

STACY G.
"One Man Riot"

MI$$I$$IPPI DOWN $OUTH PLAYAZ
"Playaz Mentality"

MONEY SHAWN
"Sincerely Yours"

ALKATRAZ RIDAZ
"Alkatraz Ridaz"

OVERDOSE CLICK
"Victim II Society"

全盛期のNO LIMIT RECORDSよろしくペンピク全開ブリンブリンデザインはもちろん好物だが、より滋味深い、味わいのあるジャケットを中心にセレクトしました。「ジャケがいいのは内容もいい」を合言葉に集めた、コレクションを御開帳。ちょっとだけよ〜ん♡

CUSTOM CASSETTES COLLECTION

Gマニアが抱くカセット愛が深すぎるがゆえに
とうとう自作してしまったカセットたちを大紹介！

所持者わずか数名! GONZOの幻のミックステープ!（非売品）

「アメリカ南部の奥地にいる無名デザイナーが、地元のアーティストのためにジャケを作ったらこんな感じになるのでは」と、著者が勝手に想像して作成した架空の自作カセット。本書カバーで浮遊しているカセットはこれらである。実際には流通していない品物なのでご注意あれ。

執筆陣の関連によるミックステープ。ジャケだけでなく中身もセンス抜群だ。

機器さえあれば、比較的簡単に作れる自作カセット。中身が入っていなくても、オブジェとして机の上などに置いて飾るだけで、楽しい気分になってくるので、是非皆さんも作ってみてはいかがだろうか。

横から見る姿も圧巻。たくさん作って棚に並べるべし。

INDEX 索引

0-9

A

B

C

D

GANGSTA RAP CASSETTES
〜ギャングスタラップカセットの世界〜

2023 年 4 月 1 日　初版印刷
2023 年 4 月 1 日　初版発行

著　者　D.M.F. Inc.® & Piranha Soldierz™
編　集　D.M.F. Inc.®
編集協力　Billy Blackmon (T-Back DeLite®)
装　丁　Lil' Ricky a.k.a. Da Mask Baby (DMF INC.®)
制　作　ATC Inoue (P-VINE, Inc.)

発行者　水谷聡男
発行所　株式会社 P ヴァイン
〒 150-0031　東京都渋谷区桜丘町 21-2　池田ビル 2F
http://p-vine.jp
編集部　Tel 03-5784-1256
営業部　（レコード店）Tel 03-5784-1250　Fax 03-5784-1251

発売元　日販アイ・ピー・エス株式会社
〒 113-0034　東京都湯島 1-3-4
Tel 03-5802-1859　Fax 03-5802-1891

印刷・製本　シナノ印刷株式会社

ISBN　978-4-910511-42-9

Design, Layout, Edited by Lil' Ricky a.k.a. **Da Mask Baby** (D.M.F. Inc.®/ Piranha Soldierz)

SOUTH DAKOTA
Pierre
St Paul
Cheyenne
NE
NEBRASKA
Lincoln
IA
IOWA
Des Moines
Denver
CO
KS
KANSAS
Topeka
MO
MISSOURI
Jefferson City
OKLAHOMA
Oklahoma City
OK
AR
ARKANSAS
Little Rock
TX
TEXAS
Austin
LA
LOUISIANA